新装分冊版

［実践版］

ヒマラヤ聖者への道

4

奇跡と創造の原理

ベアード・スポールディング著

成瀬雅春訳

ヒカルランド

人間は、太初から
すべてのものに対する力と支配権を与えられた、
自由にして全能なる存在です。
それを限定するものは、
他ならぬ自分自身の意識だけです。

हिमशैलसिद्धानां जीविकोपदेश

人間は自分で外界に力を与えてしまっています。
本来外界には力はありません。
その力は常に自分自身の中にあり、
私たちの決めたことは実現せざるをえなくなるのです。
あなたの心身は、
あなた自身の発する命令に従う王国です。

遺伝の法則は実在しません。
それはただの現れに過ぎないのです。
遺伝は、想念の影響を受けるものです。
しかし、その想念を逆に働かせて
影響を排除することもできるのです。

カルマ（因果）の法則も同じことです。
魂はそんなものを背負ってきません。
霊的に大悟すれば、
不完全な状態など問題ではなくなります。
完全を求めるのなら、
「すでに自分が完全である」と悟ることです。

मशैलसिद्धानां जीविकोपदेशाः

船井幸雄と『ヒマラヤ聖者の生活探究』
――人生の目的は聖者になることだと思える

本書は、船井先生が最も大好きな本の一つです。それはもう本書の熱狂的な大ファンと言ってもよいくらいに、たくさんの方に本書を良書として自信を持って薦めてこられました。そんな船井先生の気持ちがよくわかる文章を、早速ここで紹介したいと思います。

私は、『ヒマラヤ聖者の生活探究』という本を昔から精読しています。この本はベアード・スポールディングというアメリカ人が、ヒマラヤ聖者の大師方に同行の旅を許されて、その間の報告を書き記した物です。その内容はイエス・キリストが起こしたという奇跡そのもののオンパレードなのです。

訳者の仲里誠吉さんと私とは特に親しい友人でした。彼とは、われわれも死ぬときまでには、ヒマラヤ聖者の域にまで達していたいね。などとよく話したものです。仲里さんは、先立ってしまいましたが、私は、いまも聖者になりたいという夢をあきらめてはいません。というより、むしろ聖者になることが、私だけでなく人々みんなの目標となるべきだと思っています。人生の目的は同書に書かれているような聖者になることだと思えて仕方ないのです。その過程の中に人生に必要なものすべてが含まれているように思います。私はこの本で報告されている奇跡の数々は、すべて本当のことだとも思っています。

（中略）

ヒマラヤ聖者の言葉に耳を傾けてみますと、意外なことにイエスの言葉の引用がすごく多いのです。しかも大師たちは、聖書は誤訳だらけだと言っていて、適宜修正しています。なぜそんなことが可能かというと、大師たちはイエスとお付き合いがあるからです。霊的にも物質的にもです。『ヒマラヤ聖者の生活探究』には、なんと異次元からイエスが訪ねてくるシーンも報告されています。

神とは何か、創造主とは何か、生命とは何か、人間とは何か……ヒマラヤ聖者たち、いわゆる大師たちは、すべてにおいて実に明確に語ってくれます。私はこれが創造主というか「世の中の構造」の基本知識ではないかと思っています。

『ヒマラヤ聖者の生活探究』（全五巻）はすべての内容が、叡智で満ちています。いまの若い人には、少し文章はむずかしいかもわかりませんが、読めば読むほど味が出てきて真理が分かってきます。できればというより、全五巻は絶対に全部読んでほしい……とお願いしておきます。

（『いま人に聞かせたい神さまの言葉』徳間書店刊より抜粋）

いかがでしょうか。船井先生は、何十年も前から経営コンサルタントを営むかたわら、人間の生き方と世の中のあり方の研究を続けてこられました。一人でも多くの人が本書を読むことで、よりよく学べ、よい生き方の指針となることを確信し、推薦され続けてきたのです。何千冊、何万冊もの本を読み続けてきた船井先生が、ぜひにと薦める本書は、絶対に読む価値があると思います。

ところで、『ヒマラヤ聖者への道』３巻のまえがきで、成瀬雅春先生がクンブメーラでの感想を書いておられます。『ヒマラヤ聖者の生活探究』では、多くのページを使って、著者のスポールディング氏がクンブメーラの紹介をされているのです。

実は、私も今年２０１３年の１月19日から１月28日まで、アラハーバードで行われたクンブメーラへと出かけていました。著者のスポールディング氏がアラハーバードでのクンブメーラに参加されてから１２０年後に成瀬先生が参加され、そのまた12年後に、縁あって私も参加することとなりました。

私は船井先生の代理でこの文章を書いておりますし、普段はインドの生活にほとんど興味もなく、ヨガや瞑想もさほどしない凡人ですので、本来ならば私の感想をここで書くべきではないかもしれません。しかし、この原稿の依頼がヒカルランド社から来たのは、私がインドから帰国したちょうど1月28日のことでした。もちろんヒカルランド社の誰も、私がクンブメーラに行っていたことなど、知るはずもありません。偶然にしては出来すぎたタイミングでの原稿依頼に、クンブメーラの地で感じたことをこの機会に読者の皆様に紹介しなさい、とインドの神々が言っているような気がしました。そこで僭越《せんえつ》ながら、クンブメーラでの体験記を書いてみたいと思います。

魂の故郷、クンブメーラ／人々が祈り続けてきた数千年の歴史を持つ地へ

インドにはさほど興味のない私がクンブメーラへ行くきっかけとなったのは、有名な気功家の中健次郎先生と株式会社にんげんクラブ社長の小川雅弘との対談取材をしたことでした。そこでの話題に、日本でも有名な聖者サイババと、その弟子である女性聖者サイマーの話題が出ました。

サイマーは、西洋人で、そして女性で、数千年のインドの歴史の中ではじめてジャガットグルという称号を与えられた聖者だそうです。その時点での私は、サイババもサイマーのことも、ほとんど知らない状態でした。

取材を終え、数週間後にオフィスでその原稿作りに取り掛かっていると、突如サイババの想念がオフィスに現れました。姿が見えるのでなく、なんとなくサイババの意識体がそ

ここにいるように感じるのです。部屋じゅうがサイババの雰囲気で満たされ、「次のクンブメーラに来るように」と言われたような気がしました。それは一瞬の出来事であり、びっくりはしましたが、まぁ呼ばれたのならば申し込みだけでもしてみようかな、と聖者サイマーのホームページを開きました。

サイマーの主催しているクンブメーラのツアーは、実はずいぶん前から満員で何人ものキャンセル待ちでした。しかし、たった今サイババに呼ばれたのだから、きっとキャンセルが出て、行くことになるだろう、と思いキャンセル待ちリストに登録しました。

本当は、インドは不衛生なイメージがあったし、私はお腹も弱いのであまり行きたくはありませんでしたが、思ったとおりにやっぱりキャンセルが出て、行かざるを得ない状況になってしまったのです。行くと決まると不思議なほど順調に物事が運び、中健次郎先生が引率するお弟子さんの団体にご好意で混ぜていただいて、いざサイマーの待つクンブメーラの地に行くことになりました。

デリーから乗り継ぎでバラナシ空港まで行き、さらにバスで3時間をかけてようやくクンブメーラの会場にたどり着きました。一行は、あらかじめバスの中で配られたパンジャビという装束に着替え、下着もすべて白、靴下も白、と統一されています。

バスを降りると、日本人の白装束が珍しかったのか、テレビ局や新聞社、地元の人々のたくさんのカメラに取り囲まれました。後で聞いたところによると、60名もの日本人団体が、単なるツーリストとしてでなく、ジャガットグルのテントの中で一緒に祈り、修行をする仲間として、クンブメーラの会場に1週間も滞在するのは、クンブメーラの歴史の中で初めてのことだったそうです。翌日のインドの新聞の一面に、私たちの姿が掲載されていました。そんな関係もあり、白装束が目立ったということもあるでしょうが、私たちはその後団体でどこに行っても歓迎され続けました。

会場に到着してすぐに、サイマーのダルシャンの時間となりました。ダルシャンとは何かというと、聖者のお姿を拝見する時間、とでもいいましょうか。広場の真ん中の玉座に座ったサイマーの前に、信者は一人ずつ列になって並び、足元にひれ伏して、少しのお布施をし、サイマーから孔雀の羽で頭をなぜてもらって、それから甘いお菓子を一ついただきます。

何百人もの人が列をなしますから、一人にかかる時間は、ほんの数秒です。サイマーは大音量の音楽にあわせて、ニコニコと歌を歌いながら、たんたんと孔雀の羽を揺らしていきます。サイマーの姿をそこではじめて見たときは、そのオーラと貫禄、歌う姿が、なんだかジャネット・ジャクソンのようだなぁ、と凡人の私には俗っぽいことしか感じられませんでした。

ふとまわりを見ると、同じ団体で来た何名かの女性が泣いていらして、たった今の数秒のダルシャンで、何か感じるところがあったのだな、とその温度差にちょっとびっくりしました。その日はいろいろとそこでの生活と今後の日程などの説明を受けた後、ご飯を食べて各自就寝となりました。翌日からは、瞑想や、セヴァと呼ばれる奉仕活動、クンブメーラでの儀式への参加など、様々なやることが待っていました。

まわりがどんなに過酷な環境でも、聖者のまわりは不思議と快適で暖かい

翌日は、シヴァリンガムという石の神様をお祀《まつ》りする儀式があり、私たち一行はそれに参加することになりました。パンディットというインドのお坊さんが、何やらヒンズーのお経を唱えながら、シヴァリンガムにバターを塗ったり、砂糖やミルクを塗ったり、見ているだけでなんだかおいしそうな儀式です。その儀式の最中に、私たちはオームナマシヴァヤとシヴァ神のマントラを唱え続けました。

それを唱えているところへ、サイマーがやってきて、私たち一人ひとりに黄色い花でできた首飾りをかけてくれました。サイマーが私の首に花飾りをかけてくれた後、しばらくすると突如、涙がとめどなく溢《あふ》れてきて止まらなくなりました。それは悲しいのでも、怒っているのでもなく、しいて言えば、嬉《うれ》しくて魂が震えているような感じで、自分でもわけのわからない涙なのです。

別に普段から悩み事もストレスもあまりないし、大勢の人がいる中で意味もなく突然泣き出すなんてことは、それまでの私には考えられないことでした。それまでの私はサイマーについてほとんど下調べもせず、どんな人かもわからない状態だったのに、ただそこにいるだけで涙が溢れてしまうのです。

さらに翌日、サイマーと私たち団体との、1時間ほど一緒に過ごす時間がありました。その時には、少し質問をしたり、お話をしたりできるのかなと思っていたのですが、実際にはただ一緒に歌を歌うだけの時間でした。

あらかじめ歌詞を配られていて、一緒にインドの賛美歌のような神様を称《たた》える歌を歌い続けます。3次元的にはたったそれだけのことです。不思議なことに、一緒にただ歌っているだけなのに、ここでも涙がボロボロとこぼれてきました。まわりを見渡すと、ほぼ全員が泣いているようです。

涙はとめどなく流れ、止まらずに嗚咽《おえつ》しはじめ、たぶんまわりに誰もいなかったら大声で号泣してしまったのではないか、と思えるほどに泣けて泣けて仕方がありませんでした。これも、たくさんの愛に触れて魂が嬉しくて仕方ない、と震えているような涙でした。

このツアーでは、インドのどこかを観光することはなく、最初から最後までクンブメーラの会場の、サイマーのテントの中で過ごすことになります。気温は昼は30度くらいの暑さですが、夜は2度くらいまで下がり、日本の冬と変わらないくらい寒いのです。しかもクンブメーラの会場は、大勢の人々が集まる地であり、雨季は川底となっているような河原で行われますので、常に砂埃《すなぼこり》は舞い散り、護摩《ごま》焚《た》き行の煙は充満していて、騒音も酷《ひど》く、あまり良い環境とは言えません。もちろんエアコンなどはありませんから、寒さの中を震えながら過ごさなければなりませんでした。

「ツアーというより、修行だと思って来てくださいね」と、過酷な旅となることを話には聞いていましたので、かなり覚悟をして行きましたが、行ってみればそこそこ快適でした。サイマーのテントの中は、暖かいシャワーは出るし、トイレは水洗、部屋は四人部屋に仕切られ、一人一台の簡易ベッドがあてがわれています。清潔でご飯もおいしく、クンブメーラの会場の中では、かなり居心地の良いところだったと思います。その居心地の良さとご飯のおいしさは地元でも評判となり、サイマーのテントでは、一日に数千人の人に無料でご飯が配られました。本書『ヒマラヤ聖者への道』のエピソードとしても出てきますが、まわりがどんなに過酷な環境であっても、聖者のまわりは不思議と快適で暖かいことが、なんだか実証されたような気持ちでした。

クンブメーラの会場は、何千もの聖者のテントで見渡す限り埋め尽くされていて、それぞれが特徴的でした。いかにも良い団体のようだな、と想像できる美しいテントもあれば、やたらうるさかったり、不衛生だったり、中にいる人がダラダラ昼寝をしているだけだったり、「これが本当に聖者のテント？」と思えるようなところもありました。

サイマーのテントのほど近くにあったテントの聖者は、その時点でなんと304歳とのことでした。この方はサイマーともお友達で、あいにくお姿は拝見できませんでしたが、後に写真で見た限りでは肌もツヤツヤしてお元気そうで、60代くらいにしか見えませんでした。

304歳だからといっても、たくさんの聖者の中の一人、というようにインドではさほど特別扱いされていないところがなんだか面白いと思いました。本書に出てくるエミール師や大師がたに比べると、３０４歳はまだまだ若いほうですね。

見えない何かに愛され、祝福され、インドの太古の神々と聖者たちの祈りを感じた

クンブメーラでの滞在を非常に楽しんでいた私ですが、4日目にしてある事件が起こりました。それというのも、その日は全員でガンジス川での沐浴《もくよく》をしましょうという話になって、みんなで頭の先まで3回ほどガンジスに潜る沐浴をした後、しばらくたってから、嘔吐《おうと》、下痢、発熱と大変な症状に襲われてしまったのです（ちなみに沐浴後にこのような症状になってしまったのは、60名のうち私だけでした）。

幸いにも、サイマーの事務局の方々や、中健次郎先生のお弟子さんたちは、非常に親切な方たちだったので、代わる代わるいろいろな方が看病をしてくださいました。それまで一度もお会いしたことがなかった方々にたくさんお世話になってしまって、穴があったら入りたいくらいに情けない経験であり、ありがたくて涙が出ました。

熱に最もうなされていた時に、夢か幻覚かわかりませんが、ある不思議なことが起こりました。うんうんと唸《うな》る私の枕元にサイマーが現れ、「そんなものをいつまでも抱えていては駄目よ」と言いました（実際にはサイマーは日本語を話せないので、これはテレパシ

ーだったのだと思います)。

ふと自分の姿を見ると、お腹の辺りに黒いモヤモヤした煙のようなエネルギーを抱えています。サイマーはにっこりと笑って、エイッと両手を振りおろして、その黒いモヤモヤを、私のお腹からとってくれました。その瞬間にハッと正気に返り目が開き、身体がものすごく楽になりました。それまでは高熱で呼吸も苦しく、うなされて寝ることさえ難しい状態だったのですが、スーッと呼吸ができるようになり、それから安心して眠ることができました。

起きてから同じ部屋の人にその話をすると、その方は私の話を信じてくれて、実際にはサイマーは部屋に来ていないけれど、そんな不思議なことが本当にあるのね、とすごく驚いてくれました。

それからは帰国する日まで、私はなんとか歩けるようにはなったものの、身体が今ひとつ治らず、結果的には水とフルーツを食べるだけのほぼ断食をして過ごすことになりました。楽しみにしていたヤグナという護摩焚きのような儀式も、その他のイベントも、出席できずじまいでした。

ツアーの後半は寝てばかりいたので、結局インドには何をしに行ったのだ? とも思えるのですが、私にとってはその前半での出来事と、サイマーに病気を治してもらった事実や、皆さんの優しさが非常に思い出に残り、やっぱり行って良かったと思いました。

あれから半年以上経った今、ふとクンブメーラのことを思い出します。肉体的にも精神的にも、過酷な旅だったはずなのに、なぜだか私の中ですごく良い思い出として残っています。見えない何かに愛され、祝福され、インドの太古の神々、それから聖者たちの祈りが感じられました。まるで魂の故郷を思うような気持ちで、アラハーバードのあの会場を思い出すのです。

　本書の中の大師がたにずっと憧れてきた身としては、あのかけがえのない1週間がまるで永遠のように感じられます。あの魂の震え、神秘的な意識は、人々が祈り続けてきた数千年の歴史を持つクンブメーラの地だからこそ、感じられたのでしょう。

　最後になりますが、このような貴重な体験を与えてくださった、聖者サイババ、聖者サイマー、中健次郎先生、助けてくださった多くの方々に、この場をお借りしてお礼を申し上げます。そして、この体験を読者の皆様にお伝えする場を与えてくださった、株式会社ヒカルランドの皆様、舩井幸雄先生、読者の皆様、心から感謝しております。ありがとうございました。

にんげんクラブ編集室　兒《こ》玉《だま》裕《ゆう》子《こ》

第2章 唯一心(One Mind)／宇宙の中心は知性をもって統制する

◎唯一心(One Mind)が支配していることに気づく　◎なぜ調和しているのか　◎唯一力(One Force)とともに働く　◎心が千々に乱れる原因　◎究極の支配源[神]を活用すればよい　◎宇宙の中心は知性をもって統制している　◎自分自身を明け渡すな　◎人間の意志と宇宙の原動力の関係　◎高次の力を獲得する人間意志に関する原理　◎理想は神が実現させる　◎理想実現の抑圧　◎物質化の前にある霊的原型が本物である　◎現象を霊的な面にまで高める　◎困難など本来実存しない　◎聖書の誤訳　◎神は霊なり(God is Spirit)　◎心が活動しないということ　◎心に指令を与えるもの　◎すべての背後にあって、すべてに浸透している創造エネルギー　◎「私は彼(神)である」　◎聖言アウム　◎停滞磁場を消し去る　◎完全なるものは一つしかない　◎想念は全空間に遍在している　◎完全の中には時間や空間は存在しない　◎「平安なれ、静かなれ」

59

第3章 二元性は完全調和する

91

るアメリカ人　◎超感覚は人間の唯一の基礎　◎他者ではなく、自分自身に頼れ　◎直観力から理論を割り出した古代カルデア人　◎「魂の目」で「アカシック・レコード」を読む　◎差し迫っている事柄に波長を合わせ、事件を防ぐ　◎インディアンの超能力　◎「預言は話されても、外れるであろう」　◎黒魔術をなしうる者は自己破滅あるのみ　◎あなたの心身は、あなた自身の発する命令に従う王国　◎リシ（聖仙）やヘブライ民族の力　◎一般に知られない事件防止の奉仕団体　◎直覚力を共通の善のために用いよ　◎超能力を自分自身で磨いていく　◎開発のカギは感情の完全な統制にある

第5章 言葉の力／言葉の起源とパワーの根本的秘密

◎力ある言葉を選びなさい　◎言霊《ことだま》―霊が言葉に働きかける　◎発した言葉が実現するまでには時間は要らない　◎言葉には力のある想念を与える　◎人間の言葉は、その人自身の霊性の出口　◎創造を可能にする条件　◎常に最高の言葉で、積極的表現をすればよい　◎人が発する言葉そのものが、その人の活動する領域を作り出す　◎言葉に力を与えるもの　◎言葉が自分自身の中に定着すれば、繰り返す必要はない　◎すでに実現したものとして感謝する　◎すでに在るものを、心の目を開いて観る　◎健康、病気という私たちの考えは、宇宙の根底に確立している「完全」ではない　◎低い次元の相対立するものを基礎とするからこそ病気になる　◎真理の言葉と

催眠術の違い　◎人間の意志は完全を志向する　◎私たちの言葉（Word）が癒しを与える　◎あらゆる次元でも完全であるもの　◎他のものや人を引き上げようとするより、自らを高めよ　◎キリストの言葉によって造られなかったものは一つもない

第6章　意識／自由にして全能なる存在を限定する自分自身の意識の解放

◎人の能力を決定するもの　◎自らの意識を神の意識へつなぐ　◎五官が開かれる時　◎トランスの意識状態とは　◎意識はただ一つであり、細別することは錯覚　◎肉体は意識の働きの象徴である　◎霊力に溺れない　◎実相開顕に霊媒や催眠を通じては到達できない　◎すべての感官は一つ、細胞も一致して振動する　◎躍動するエネルギーが滞る強烈な催眠術　◎内部意識・外部意識という分離感　◎大師方の言う「健全な心」について　◎否定の実践が解放をもたらす手段になるのか？　◎否定法は必要なし　◎遺伝の法則は本来存在しない　◎類似の原理／心や感情の動き方で同じ特性が現れる　◎遺伝の一因は間違った考え方にある　◎魂はカルマという負債など背負ってこない　◎精神病は引き寄せであって遺伝ではない　◎遺伝は何かの法則の結果では決してない　◎「人間が罪を犯したから、死を免れなくなった」のではない　◎遺伝の法則は「すべて人間の想念がもたらした見せかけの現象」　◎キリスト状態を達成する　◎限定や制限されている意識状態は催眠状態にすぎない　◎「見かけのものが、そのまま実存するのではな

い」　◎「制約よ、わたしの後に退がれ」　◎睡眠時に完全意識が働いている　◎覚醒状態よりもすぐれている夢の状態　◎睡眠が解決を与えてくれる　◎弛緩法／想念を完全な状態に向ける　◎悪夢について　◎悪夢からの解脱法　◎覚醒時の解脱法　◎すべてを完成する聖句の真理　◎歓喜こそは、人間の本当の情緒　◎闘争を助長しない生き方を

第7章　神／あらゆる意識・力・愛・生命の総計

◎神に関する迷信　◎「神は常に人間の中に在る」　◎大師方の勧める文献　◎自分自身の存在の秘義を発見する　◎人間は神の姿の内に創造された　◎病気・罪・貧・不幸は迷いの現れ　◎キリスト〔神我〕原理　◎悟れば自然に健康となる　◎「してはいけない」と訳された十戒の本意　◎「健全なる声」は一つであり、光を生じさせる　◎原理とともに完全に一つであるからこそ安定する　◎因襲は進歩の妨げとなる　◎否定を繰り返すことでますます縛りつけられる　◎人は神霊から分離して心霊現象に走る　◎悪魔すなわち制約は存在しない　◎モーゼが言いたかった真理　◎肉体は光り輝く純粋な霊質　◎天国はあなた方の中にある　◎「汝自身を否定せよ」／真理に合致しない意識を捨てよ　◎神と一体になれば、すべて即座に成就する　◎人間を神以外のものと信じ込んでいる無智の大衆と真理　◎三位一体とは聖霊、全我、創造霊　◎聖書の原典には罪の償いという思想はない　◎憎しみが文明の退歩をもたらす　◎神我を出せば平安と調和

が現れる　◎生命と光が一体となる時、完璧な英智を得る　◎プラーナという生命エネルギー　◎大師の教えであるヴェーダンタ哲学　◎霊的問題を避けるな　◎あなたが受け容れられるなら、真理は常にここにある　◎教えの真髄を我がものにするという決意をもて

第8章　人間は神の本源

◎人間は宇宙全体から引き離すことのできない一部　◎大師方の不変の思想　◎人は本源〈神〉の中にあり、常に結びついている　◎「人間よ、汝自らを知れ」　◎人間は三位一体　◎全人類が神聖なる支配者に　◎聖書の誤訳／「人間は神の姿である」とすべきだった　◎「あなた方は神を現すから神である」　◎「わたしは神である」という悟り　◎言葉は天地のあらゆる力をもって語る宇宙の権威　◎ア・ブラフムは「キリストなる子」という意味　◎「汝自らをもキリストの中に含めよ」　◎信徒大衆と僧侶の区別なし　◎原理を説けないダーウィンの誤り　◎自分に対する啓示／彼にできることなら、自分にもできる　◎大いなる原因である原動力　◎相違は外側にあるだけ　◎生まれ変りもカルマ（因果）も卒業する　◎「真理は汝を自由にする」　◎受け容れるだけでいい　◎自分自身の実相にまだ目覚めていない人へ　◎在るべきものは、本来すでに在る　◎人間が勝手に物質性をつくりあげている　◎唯一の存在、唯一の力を理解する　◎すべては調和の下に集合している　◎天才とはいかなる制約も受けないこと　◎すべての人が大師である

第10章

宇宙は無限の総和

◎宇宙とは神の別名であり、その中にあらゆる智慧がある　◎人間は大宇宙の一部　◎放蕩《ほうとう》息子のたとえ　◎大宇宙の一部から離れることは不可能　◎「死」は想念の中で離別しているだけ　◎分離や別離はありえない　◎調和から外れると病気をはじめ思わしくない状態になる　◎身体のバイブレーション（波動）が下がると、不調和が現れる　◎自分への奉仕を人に要求するなかれ　◎否定的な想念や言葉を出すことは、自分の肉体からエネルギーを奪うこと　◎すべての不調和な感情や精神状態は、実在の法則を犯している現れ　◎大調和を実現する方法　◎できる限り愛を与える　◎進歩を進めるもの、遅らせるもの　◎まず宇宙が何であるかを知ることによって、世界について学び取る　◎もの言う時すべて愛を添えること　◎「敵」を愛することは、あなたを解放することでもある　◎愛は人間としての特権　◎人を高めてあげること　◎愛によってのみ人は自由となる　◎愛こそは、人の持ちうる最高の思念　◎人がある言葉を高めた瞬間に、それは光となる　◎宇宙はその人自身の観念によって膨張し、縮小している　◎宇宙の根本法則は愛　◎物質は心の固定した習慣にすぎない　◎無限の空間と、そこに投影されているすべての形あるものを支配しているもの　◎私たちが自分で自分を制約しなくなれば、その瞬間に全身の細胞から光が出る

◎宇宙生命力を呼吸によって取り入れる　◎空気よりも精妙なプラーナの吸入　◎プラーナ／あらゆる細胞の成長を刺激・拡大する原動力　◎プラーナ呼吸法／エネルギーの最高根源につながる　◎プラーナは心に意識を生じさせるもの　◎ヨーガ行者たちは生命要素の本源につながって肉体を更新する　◎万物に浸透しているプラーナと心の働きには密接な関係がある　◎プラーナとエーテルの違い　◎プラーナを不断に取り容れるなら、その肉体は永遠に生命を与えられる　◎智慧・生命・質料は三位一体の要素　◎始原の智慧を意識的に活用せよ　◎森羅万象すべてはプラーナ・エーテルから発するエネルギー　◎光は生命であり、光は決して死なない　◎ヨハネはプラーナの光をすべて吸収できた　◎光によっておのれのニセモノを焼き尽せ　◎プラーナの霊的光で人を退化させるあらゆる力を克服できる　◎イエスの変容　◎プラーナへの統一

第13章 量子論／無限空間を満たすエネルギーの放射

◎量子論とは／すべての形あるものは、決まったエネルギーを放射している　◎エネルギーの大元である宇宙の原動力　◎メタフィジカル（形而上）運動　◎自分で自分を全体から切り離し、活力を失わせている　◎東洋哲学とアインシュタイン　◎全宇宙と自分との一体性を悟ると、エネルギーを発揮できる　◎原理は一つ、科学的基礎も一つあるのみ　◎知的なものを超えた世界にまで及ぶ東洋哲学の正しさ　◎量子論の基礎／仮説か理論を基礎とする西洋の哲学者vs唯一自然

の事実に基づく東洋の哲学者　◎インド思想の特徴　◎すべてを動かしている力とその目的を知る　◎真の智識は沈黙、内的感覚からくる　◎智識よりも偉大なもの　◎何が心や物質を産み出すのか？　◎信仰も「知る」ところまで進むと、本質に他ならなくなる　◎本能的に知っていること、無限意識を引き出す　◎霊的直観を開発していたイエス　◎直観にはただ一種類しかない　◎霊から来た直観を表現する　◎万物は一体であり、万象は一つである

第14章　要約／内在の力で大師となれ

◎誰でも大師になれる　◎催眠術にかかってはならない　◎大師方と苦行僧は何が違うのか？　◎生命と調和を保つ大師方の方法　◎ガンジーが唱導した無抵抗の思想　◎人生の究極目標へ導いてくれる唯一の導師　◎真我を見出せば、あなたは大師である　◎言葉は使う人の意識に応じて力を持つ　◎大師の真髄／心の分裂感に煩わされずに意識を浄《きよ》める　◎すべてが全一体である大師の生涯　◎人間は全体から離れられない　◎内在の力、最奥の真実に耳を傾ける　◎成すべきことを成すだけの力と、自分を養い、維持できるだけの質料を持つ　◎あなたの中に実存する大師

カバーデザイン　櫻井浩（⑥Design）
本文デザイン　櫻井浩＋三瓶可南子
翻訳協力　山川紘一郎
　合田秀行
本文仮名書体　文麗仮名（キャップス）

第1章

大白色聖同胞団と世界平和

大師方の教えと人類への影響

1

大師方の教えとその根底にある若干の法則について、これからさらに研究をすすめる前に、まず大師方の考え方の範囲について考察してみましょう。その教えの趣旨全体を充分に理解するには、人生に対する私たちの心の持ち方と物の観方をさらに拡大して、大師方のそれに一致させる必要があります。そのためには、事前に考究しておく必要のある分野と人類の一般的な傾向があり、今回は主にそれを取り扱うことにします。

たとえて言うなら、田畑の手入れをする前に、まず道具を選別したり、計画をたてる前に仕事の各分野の性質や範囲を知ることが必要なのと同じです。また、その田畑がどういう種類のものに適し、どんな作物を植え、どういう目的で栽培をしたほうがよいかを知らなければならないようなものです。人類全体として観た場合、人類の仕事全体の背後には、何かある一つの目的が存在するに違いありませんが、それが何であるかを的確に知ることは、一般に個人の能力といっているものの範囲を遥かに超えています。

しかし、各個人の生まれつきの能力は、どこかで世界の各個人の生活と幸福に根本的につながっていますし、それが誰か一人に影響するということは、残りの人類全体にも、何らかの影響を及ぼしているに違いありません。

2 平和はどうすれば確立できるのか

平和にはみんなが関心をもっているので、それを論じるにあたっては、できるだけ一般化して論じるべきだと考えています。事実、世界全体が平和を志向していますし、戦争は本来自然の状態ではありません。自分だけを完全な正義の権化、幸福の創造者に仕立て、神の摂理の役割を果している等と称している人間は詐欺師にすぎないことを、人類はすでに理解し始めています。

全人類の心からの希求である平和と幸福は、人類に対して他から与えられるべきものではなく、真摯《しんし》な努力によって、みずから勝ち取るべきものなのです。政治上の奇蹟《きせき》などというものはありえません。自分自身の智慧《ちえ》で、自分の運命を解決する力は、自分にしかないということを、人類は悟るべきです。

3

共通の善という平和運動の根源

平和を増進し、かつ保証してくれるものへの津浪《つなみ》のような関心は、実のところ、常に人類共通の善を増進しようと働いている普遍的法則〔神〕の不可避な働きの結果です。神は、人間の都合によって動くものではありません。平和の方向への人間の覚醒は、実は大師方によって養われた平和の精神運動に感応して起ったものです。人間は、自分自身が実は普遍法則そのものであると悟ってはじめて、自分にとって何が善であるかを発見できます。なぜなら普遍法則は、共通の善と不可避に結びついているからです。

4

全世界の啓蒙のために働く白色聖同胞団

世界中に、数千年ものあいだ平和のために働きかけている、偉大なる聖同胞団が実在します。それは、あらゆる平和運動の背後にあって、時を追うごとに、ますます強力になりつつあります。現在のところ、全世界に216のグループがあり、第一団すなわち中心団体が一つ、それを取り巻くものが12あって、中心団体には他よりも大きな権能が与えられていますが、この団体全部が、全世界の啓蒙《けいもう》のためにも働いています。

5

これらのグループは、実は白色聖同胞団の高邁《こうまい》な思想に基づいて活動している方々によって構成され、このグループ全体が協同して働いています。同様に、世界の人々を平和と真理へ目覚めさせるために、極めて強力な思念を世界に対して発しています。

6

ところが、この白色聖同胞団には、多くの誤解があります。この方々は、自らを白色聖同胞団と名乗ることは決してありませんし、また、外部の何らかの特定の組織、例えば宗教団体・平和団体の背後にのみいるのでもないことをまず知っていただきたいのです。この方々の機能と目的は、普遍即不偏であって、明らかに普遍的目的のために、普遍法則とともに働いているのです。いかなる個人、または団体にしろ、同じ目的に向って利己的動機なしに働くならば、この方々の全面的な支援を受けることができます。

この支援は、人間の側でそれと判ることもありますが、多くの場合、まだ人間にとって不可知のインスピレーションの形できます。つまり、特定の場所または、特定の人からくる援助という形をとることは、めったにありません。この支持を受けている人たちは、このような援助または影響を、それとなく感じるだけです。

旧国際連盟

7

国際連盟は、元来この白色聖同胞団の一機関だったのですが、ある国々や個人たちによって、いろいろな形で誤用されてしまったのです。しかし、いつしか、聖同胞団の導きのもとに復活するでしょう。

新秩序の誕生

8

新しい秩序が、今生まれつつあります。私たちは旧来の文化の崩壊を、今目撃しつつあるのです。時が来れば、何か重要な問題の発生時には、白色聖同胞団が積極的に自己を主張するでしょう。

普遍的善への貢献

9

個人であれ団体であれ、今日この共通の善なる目的に反抗しようとしまいと、この人類浄化運動には、どっちつかずのグレーゾーンなどは、もはやありえません。神の碾臼《ひきうす》は時として速く、また細やかに機能します。この過程を経てはじめて、従来の利己主義的、侵略的、強奪的な生き方を脱皮して、新しい人生の構築に参加することができるのです。普遍的善へ貢献する、完全に創造的な動機へと自らを結びつけるほうが、その反対の行為より遥かによいのです。なぜなら、そうすることによって、善きことが自分自身の上にも降り注ぐからです。

10 重大な奉仕をなしうるカギを発見する

普遍的理念の影響力は、最初のうちは、それほど外部の注意を引かずに現れてくる場合がよくあります。それはちょうど伝染病のように、多くの人々がまだ他のことに熱中してその変化に気づかないうちに、いつのまにか発生して進行していくようなものです。そのうち突然それが表面化し、しかも自分がつねづね密《ひそ》かに思っていたこととぴったり一致していることに、改めて気づくようになるのです。このようにして、人間は知らず知らずのうちに、新しい秩序のなかに次第に入っていくことのほうがむしろ多いものです。故に、自分自身や人類全体の中で、このように隠然と発達していく力に敏感になることが肝要なのであって、そこに自分自身の急速な進歩や、大義のために極めて重大な奉仕をなしうるカギを発見できるのです。

インドにおける白色聖同胞団

11

インドは先ほど述べた216のグループが用いているのと全く同じ方法で、平和を維持してきました。それは、最初は12のグループによってもたらされた方法で、このグループはその後拡《ひろ》がり、また、今でも拡がりつつあります。これら団体の影響は、きわめて強大であり、インド人の物の考え方のあらゆる面に浸透しつつあります。その団体の仕事は、外部からみれば主に教育的なもので、まず口頭でいろいろな教えを垂れ、やがて、その指揮のもとに、それが実践に移されていきます。さまざまな結果は、この方法が効果的であることを証明しています。

ガンジーの功績／非暴力運動

12

ガンジーは非暴力運動を始める前に、20年間もこの問題について研究し、その造詣・奥義を深く極めました。この原理はインドに600年も実存してきたものです。不可触民のために、この原理がこの世代に至って、初めてガンジーを通じて発動しました。ガンジーは不可触民の間を歩きめぐり、非暴力について説き、かくてそれを有効な力にまで高めたのでした。若者たちが、直ちにそれを採用し、やがてその偉大な効果が認められて全インドに拡がり、この若き世代の人々が、この運動を全国民の前にもち出した時には、すでにより強力なものになっていました。やがてそれはカースト制度を崩壊させる結果を生むでしょう。不可触民の数は6500万人にものぼり、インドにとっては由々しき問題となっていました。彼らの影響力が強大であるだけに、その指導が必要だったのです。彼らが現在の程度にまで解放されたのは、ひとえにガンジーの功績の賜物《たまもの》です。

13

白色聖同胞団は高い悟性を備えた人々

前述の世界平和のために働いているグループのメンバーは、霊的にきわめて高い悟性を備えた人々で、各グループごとに霊的解脱を得た卓越した人物が一人ついています。

14

団員の秘密

この団体に確実に属している人々が、米国ではおよそ60人います。しかし、彼らはこの団体につながっていることを黙して明かさず、自分の所属団体の会合場所やその行動については、一切洩《も》らしません。

15

意識的に宇宙の動力とともに働く人々

光に浴した人々のしている大いなる任務を、一般大衆が多少疑惑の眼差《まなざ》しで見ているのはこのためです。一般大衆は鳴物入りの宣伝や運動に馴《な》れているために、このように静かで単純な方法で偉大な仕事がなされることには思いも及びません。しかし、よくよく沈思熟考してみれば、宇宙のすべての動力は、黙々として自らを語らず、同様にまた、意識的にこの宇宙の動力とともに働く人々もまた、根本動因、すなわち神に従い、黙々として働いていることが理解できるでしょう。しかし、いずれこれらの人々が、公然と働く時がやってきます。その時機は、これらの人々のしていることを正しく知り、かつ理解する光明化された人々が充分な数に達したときです。

ところで、ここであなた方も、自分自身の体験を省察してみるといいでしょう。自分という存在の表層の下である力が働いていて、それは、普段言葉で表現している外部のハッキリしたようなものとは違い、実は自分の生命を規制している不可視の力であることに気づきませんか？

自分自身の内なる能力という、いわば黙々とした「巣籠《すごも》り」は、自分が適当な条件下にある場合には、結局は外側に表出するものなのであって、そのような場合、積極的にそれを表現するのに躊躇《ちゅうちょ》してはなりません。自分自身をよく内観してみると、人類全体がそうであるように、自分の場合もまた何かしら自分の中で働いているものがあることが判り、その何たるかもすべて判ってくるものです。

「父はひそかに見給《みたま》うものを公然と報い給う」という聖言は、いい加減なものではなく、すべての事物の外界への現れ方を示しているのです。すなわち、外界の現象は、すべて内界にその因を発しているのです。

この事実を理解することは、自分自身を一層よく理解することであるだけでなく、常に表層の下で進行している普遍的かつ霊的な神我の動き方を理解することでもあります。こうした生き方に、意識的に自分自身を適応させて、初めてこの秘密の聖同胞団の任務のあとを、はっきり突止めることができるようになるのです。聖同胞団の活動は、実のところ、人間としての完全なる域に達する成道の方法の見分けのつかない人たちにだけ秘められているのです。

一般的には鳴物入りの宣伝や見せびらかしが当り前になってしまっていますが、私たち自身の内面や周囲の世界では、黙々とした、しかしきわめて強大な霊的力が、誰にもそれと気づかれずに進行しているのです。私たちは、騒々しい宣伝をする者たちに追随し、結局脇道に入り込んでしまい、私たちの実存の中を、音もなく静かに動いている生命の道を見失ってしまっているのです。

16 聖同胞団への参加

公然、または隠然と、平和のために建設的に働く人であれば、誰でもこの聖同胞団に参加できますので、それは厳密な意味での組織ではなく、むしろ精神を同じくする人々の集団です。事実彼らは人類の利益や進歩を目的とするものであれば、いかなる団体とでも協力します。

17 ノーベル平和賞

このようにして、インドにあるグループは、黙々と活動していますが、前記の団体を統合してその活動を調整しているのは、このインド・グループの勢力です。世界の人々にノーベル平和賞が提案されたのは、実にこのグループの活動によるものです。

18 トルストイは進化する魂の持主

トルストイは、実際にこの原理の効果をあげるのに与《あずか》ってパワーを有していましたが、この原理にしても、実はインドの9名の霊的統治者たちを通じて示されたものです。それにしてもトルストイは進化する魂の持主で、この大中心グループと連繫《れんけい》して活動していました。

19 世界の教育施設で活動する第13グループ

その正確な所在地は誰も知りませんが、以上の他に第13グループがあり、つねに世界の教育にきわめて支配的な影響を及ぼしています。その他の12のグループは、世界のあらゆる教育施設で活動しています。

20 言葉の多大な影響力

これらのグループは、米国にしろ、その他世界のいずれにしろ、平和の空疎な宣伝をするような団体ではありません。言葉というものは、それが有声であれ無声（念波）であれ、いったん世界に向って発せられると、文字となった言葉よりも、はるかに多大な影響があるものです。文字となった言葉は、書き直されることもありえます。従って、その効果には変動がありますが、音声として発せられた言葉は拡がり拡がって、増加してやまない影響力を発揮するものです。

21 賢人の英智

建設的な力は、「秘密裡に」働くかぎり、その効果を破壊しようとする連中にさとられずに成長していきます。この建設的な力が、利己主義者や自分勝手な亡者たちの貪欲《どんよく》な機構をいつのまにか崩壊させてしまうまでは、世界は、この力が、じわりじわりと働いているのに気づきません。気づいた時には、すでに手遅れというわけです。今まで常にそうであったように、ここにもまた、賢人の英智が、明らかに窺《うかが》えます。

この崩壊がどうにもならなくなった時、そしてその時にのみ、聖同胞団の活動が、公然と表面化し、人々の心の中に真理についての思いを強化する可能性がでてくるのです。その時機が来るまで隠密裡に事を運ぶのは、大衆の反撃を恐れてのことではなく、世界改善を目的とする建設的運動である限り、それがいかに大きな運動であっても、それを実現する強力な方法を知っているからです。利己主義者たちは、このような方法には無智なのです。

22 アヴァター〈救世主〉とは

アヴァター〈救世主〉に対する西洋流の見方からすれば、ある意味ではインドの自由や世界の自由と平和のために活動している人々は、すべてアヴァター〔救世主〕です。多くの偉大なる方々が、自由と平和についての教えを数千年も弘布《こうふ》しているのであって、その中の一人であるイエスは、明らかに全世界の進化のために働いてきており、今なお働いているのです。

23 本当の奇蹟

西洋人が、一般に救世主の任務を認識しない理由は、そういう人々は人目につく表層で働き、公然と目ざましいことや奇蹟的なことを言ったりしたりするものだ、としか考えることができないからです。本当の奇蹟は、まず第一に、そして常に、沈黙の中でなされることを知りません。

仲裁と平和

24

仲裁を、世界平和の一道具とみなせば、この運動は、インドのパンジャブで始まりました。仲裁は世界平和の強力な武器です。それは、侵略を完全に禁じてきました。インドは、いまだかつて侵略的態度を取ったことはありませんし、公然と戦闘行為を唆《そそのか》したこともありません。実はパンジャブが、この平和運動すべての背後にあって、最大の影響力を振るったのです。この状態が約3000年の間、全インドを通じて維持されており、不侵略と仲裁が、平和の維持に効果があることが実際に証明されています。

霊波によって献身的に働いたライアンの功績

25

W・J・ライアンは、神霊界からの無言の影響力〔霊波〕によって、意識的にあるいは無意識的に動かされていましたが、第一次大戦の処理の際、4ヶ国を除く全交戦国との平和条約の締結に成功しました。それまでは、国家の重要人物中誰一人として、この仕事を、あえて採りあげようとした者はいませんでした。将来いずれかの日に、世界平和のために献身的に働いている平和団体から完全な権能を与えられていながら、一般的には知られない理事会のようなものがつくられて、再びこの仕事すなわち平和のための仲裁が採りあげられるでしょう。

26

戦争資金がなくなる

もし、世界の財界全部が、この国際連合運動を支持するならば、それは平和をもたらす上で、最大の影響力となるでしょう。そうなれば、戦争のための金融財政などは、ありえなくなります。戦争のために資金をつくることが不可能になるため、戦争もありえません。また、いたるところで協同組合制度が取られるようになれば、俄《にわか》景気もなければ不景気もありえません。今や協力の風潮が世界に兆《きざ》してきています。新しき秩序に協力し、参加しない人々は、完全に「村八分」になるでしょう。

自己内在の本性に従いなさい

27

こうして戦争廃止の傾向が拡がっていくと、次には、戦争の原因に人々は目覚めるでしょう。この二つによってのみ、国家や団体の利益は増大するのです。一方、非協力の悪習もまた、戦争の原因を助長するものとして禁止されるでしょう。万事このように個人にまで及び、その結果各人は、他を犠牲にする利己主義や、わがままを止めずにいられなくなります。

自分自身の利益を増進する最良の方法は、万人共通の利益を増進することであり、自分自身の善きものを保持する最良の方法は、全体の善きものを保持することであることを、一個人としても悟るようになるでしょう。この隠然とした傾向が、今や広範囲にわたって、隆盛となりつつあります。各人はまず自分から始めるべきであって、真摯に自分自身の魂を求める者は、この運動の萌芽ともいうべきものが、毎日自分の中に、自分の本性となって成長してゆくのに気づくでしょう。こうして、それは個人から個人へと拡がり、ついには強力な世界的運動へと発展し、やがて人類の行動すべてが全体の福利増進を、その究極の動機とするようになるでしょう。

自分自身の本性である、この永遠の傾向に従わない者は最終的に亡びるように、そのような集団・制度・宗教団体・種族・国民もついには崩壊し、その代り、神の法則を愛し、神の法則を生き、他の人々や国民すべてと友好関係を保つ人々のみが世界に残るでしょう。

まず自分自身の心の中に平和を

28

現代のあらゆる運動をみてみると、変革はまず個人自身の中で起らなければなりません。なぜなら、自分がなんらかの外部の運動の背後にある大義と正しく結びついていなければ、前代未聞の善果をもたらすことになったかもしれないはずの運動を、そうしなかったために崩壊させてしまうことが、明らかだからです。人はまず、自分自身の心の中に平和がないかぎり、普遍的な平和確立運動においては、ほとんどなに一つ成し遂げることはできません。また、共通の善を実現する方向に動いている不可視の力に長く正しくアクセスしないかぎり、心の中に平和を見出《みいだ》すことはできません。

平和の思想への一心集中

29

したがって、まず個人から先に平和にならなければならないことには、疑問の余地がありません。それだけではなく、そのことが個人のみならず、国家に対して何を意味するかも、よく理解しなければなりません。もし誰かが、この平和の思想に一心集中するなら、その影響力を他にも及ぼし、彼自身当代の霊的発展の大きな動因の一つとなるのです。また、平和運動は霊的啓蒙に、最も明確に寄与する要因の一つです。

不可視の世界からのサポート

30

まさに訪れようとするこの新制度によって、政治の旧弊は完全に崩壊するでしょう。しかし、その反面、現在の政治体制が続くかぎり、真に効果ある計画を推進することはできませんし、推進したところで成功するところまではいかないでしょう。しかし、誰にせよ、この新しい時代の流れに歩調を合せる人は、この高き次元にある諸々《もろもろ》の力から、本人が受《う》け容《い》れうる限りのサポートを受けることができるのです。不可視の世界からのこのサポートを、意識的に受ける人もあれば無意識に受ける人もいますが、いずれにせよ、このようなサポートがすでに実存するのです。すでにこのサポートを知り感謝するようになっている人もいます。

31 現行政府の変革

この縁の下の力持ちともいうべき不可視の世界からの諸々の建設的力の働きを活用するにあたって、政党は合同して一大政党となり、現行政府の大規模な簡素化を図るでしょう。これらの変化は、わが国の政党制度を通じて起り、一院立法制の結果を生み、それ以上の議院への分割はなくなるでしょう。「内輪にて分れ争う家は倒れるべし」です。この制度によって、私たちの政治悪は、大部分が消え去るでしょう。このことは、変革が実際に起った州でまず始まり、今やそれが、米国全体の国家運動となりつつあるのです。

平和とはすでに実在するもの

32

平和とは、本来すでにここに実在するのです。私たちがこの原理にはっきりとつながったとき、私たちは真に有用な者となるのです。

【講義指針】

1項 この学習をはじめるにあたって、大衆は、一般的に言ってその霊的進化に関する新しい目標が必要であることをまず明らかに啓蒙しなければなりません。私たちはあらゆるテーマの追究にあたって、ほとんどの場合、肉体や肉体が持つと想像されるものと、そのテーマとを、完全に結びつけて考えてきました。しかし、実際には肉体のすべて、肉体が享受するすべては、無限にそれらを超越した、あるものに依存しているのです。

2項 できればさらに説明をすすめ、平和の方向への大衆の一般的な反応がどんなものか、また、その背後に宇宙、すなわち神の目的が存在していることを示すこと。

3項　気運が高まりつつあるこの平和運動が、いかに学習者たち自身の理想と一致しているかを示し、人々が全人類の目標である普遍的運動によって内部から突き動かされている事実に目覚めさせること。

4—12項　全体の進化という方向への心の内奥の衝動に素直に従えば、同胞意識が生まれてくるものであること及び、合一という意味での人と人との関係と、白色聖同胞団が全体に対する関係との違いは、これらの深い衝動によって、どの程度動かされているかという程度の差にほかなりません。

13・14項　これらの項で軽く触れただけのことについて、あまり知るところがないとすれば、この本文をそのまま伝えるにとどめます。

15・16項　大師方が、何故そのお仕事をする際、公然と現れないかということが、一般の人には理解しえない理由がこれで明らかになるでしょう。そのことだけでも本にすれば、優に一冊の有益な本にもなります。この話に沿って全巻を書いて、有益なものにすることはできるでしょう。しかし、そうしないのは、私たちが時として自分の家の中でさえも、自らの意見を差し控えるのと同じ道理です。それは、黙っているあいだは、反対など受けることはありませんが、いったん言葉に出せば、それが論争の的になりやすいことを知っているからです。しかし、話すべき適切な時機がきたと感じられた場合に話せば、すべて受け容れられ、皆が協力してくれるものです。宇宙の中で働いているものが、人間の中でも働いています。これらの極めて簡単なことを知ることが、大いなる英智と力を知るカギです。

17－26項　これらの文章のモチーフ（動因）は、やはりこれまでと同じであって、創造的宇宙霊が、あらゆる人間を通じて何らかの程度に働いていることをしっかり理解し、黙々としてそれに協力すべきことを一層強調しています。私たちに関する限り重要なことは、それを私たち自身の生活の中でもっと重要な問題とすることです。

27－32項　前述の内容をより詳しく説明しています。これらの項の内容は、人間を解放し、進歩させる重要な要素となるものです。人々に、変革を期待し、またそれに備えるように教えていただきたいものです。現在の政治経済の機構の底で動きつつある変革に敏感であって欲しい。しかし、解放をもたらす変革は、これらの外的形態の中にあるのではなくて、人々のハートの中にあるのです。

第2章

唯一心（One Mind）／宇宙の中心は知性をもって統制する

1　唯一心（One Mind）が支配していることに気づく

唯一心（One Mind）の支配を示す証拠があります。私たちはいずれ、あらゆる行為の分野で唯一心のみが支配していることに気づくでしょう。例えば、船上でさえ、一人の艦長がいるだけです。従って、一つの支配のもとに多くの仕事がなされています。下級の仕事はすべて中央に集中された権能から出てくるわけです。

2　なぜ調和しているのか

社会や、個人の身体内でさえ、組織のどの部分をとってみても、その機能に調和があるのは、力や権能が一ヶ所に集中しているためです。その力が分割された場合、あるいは、中枢を顧慮しないで勝手に権能を分割しようとすれば、どういう結果になるかは、お互いが皆よく認識していることです。何かの活動を司《つかさど》っている箇所に、二ヶ所もの司令部から指令が出れば、その結果はカオスと混乱でしかありません。中央指令首脳部が一ヶ所以上もあって、そこから思い思いに権力が振り回されれば、権能は破壊され、全機構が崩壊することになります。

3 唯一力（One Force）とともに働く

統制を司るある存在があって、何らかの行為をなせる支配力や統制力が、事実それに伴っている場合には、私たちは直接それにつながれば、度々既述した集中的行為をすることができます。私たちが事を成就するのは、このような行為によるのであって、この行為によって初めて私たちは、中枢の支配力と調和しうるのです。その調和においては、力は散乱されず、私たちは、完全なる支配力である、唯一力（One Force）とともに働くのです。

4 心が千々に乱れる原因

人はつねに対象に自分で力を与えておきながら、その力に自分を適応させていくものです。つまり、もし俗世やその環境に人を支配する力があると信じるならば、信じることによってそれらに力を与え、逆にそれらがその力を振るってこちらを支配するようになり、幾千もの種々さまざまな力があるように見え、結果的にそれらに支配されることになり、ここに人々の惑乱の原因があるのです。

四方八方から種々様々な要求が出されているように見えるので、どれに従ってよいか混乱します。こうして心は千々に乱れ、彼の活力機構全体は崩れてしまうのです。『我人が信任し、その日に備えて信託したことを遂行しうると、首肯《しゅこう》し得る者』（神）を私たちは知らなければなりません。

究極の支配源［神］を活用すればよい

5

この唯一究極の支配源〈神〉は、全人類のために実存しているのであって、私たち各人は、それを活用しさえすればよいのです。もちろんそれは、意識的になさなければなりません。私たちが決定、あるいは設定する目的に意識して向け、意識して用いなければなりません。このような支配体制〈すなわち自己の身《しん》・口《く》・意《い》のすべての行為を神の支配下におくこと〉が確立して初めて私たちの想念は、統一された行動力、あるいは統一された表現意欲となるのです。この支配体制が確立されると、想念は表現されざるをえません。言い換えれば、私たちの決めたことは実現せざるをえなくなるのです。

「汝らは彼の召使いなり、彼に従わんがために汝らは自らを放棄したるなり」。結果として、外部に現れるものは、自分で指示を受けている原動力の外への働きかけかたによって決まります。結果が与えられた権能より大であることは不可能です。

6 宇宙の中心は知性をもって統制している

こうした宇宙の中心からの支配を、一般的には原理（Principle）とも心（Mind）とも呼びます。原理という言葉の意味内容は、恐らく唯一心（One Mind）ほどには宇宙を厳密には拘束しないでしょうが、統御支配の意味をもつことに変りはありません。しかも原理自体は自分のしていることを知っていますし、知性をもって統制しているわけです。ゆえにそれは心原理（Mind Principle）と言わなければならないでしょう。

インド人は、常に原理、または全能者（All-Mighty）と言っていますが、それには人間もまた、そのような強大なる支配的存在となることが含蓄されているのです。人間がこの唯一の支配者、唯一の中心の指令者かつ権能者に自分の想念を集中投影した瞬間、自分自身が一個の全能者となっているのです。

自分自身を明け渡すな

7

もし人が物事に対処する際、なんの先入観念にも偏見にも惑わされることなく心を開放し、曇りのない目をもって全体を観察するなら、事はすべて単純なのです。私たちはとかく心の中で、この人のせいで、あるいは、あのことのために、こんなに悲しい思いをしているのだと嘆いて、それら外部の存在に自分を支配する力を認めがちです。しかし、これは環境や有形無形のものに自分を支配する権能を与えることであって、いったん与えてしまった見かけ上の権能に従ったが最後、本来あるはずのない精神状態や感情を自分自身の中に現わしてしまうのです。

従って、自分を悲しませる力があると決め込んでしまった当のものから歓《よろこ》びが得られるとは思いもよらないことになります。こうして、自分から状態、その他の事物、相手に与えてしまった権能に服従するために、予期した通りの悲しみを自分から現わしておきながら、「わたしは悲しい」などというのです。ということは、あなたは、あなた自身の表現するものになってしまったということなのです（つまり、「わたし」という存在は「悲しい」という状態、あるいはその他の事物になってしまったのです」。

ここに、一般の人々に知られていない秘密の力のすべてがあるのです。すなわち、本来私たちのものであるところの大いなる力（Mighty Power）を顕現するには、かの源に従い、それが有する特性を具現化しなくてはなりません。そして、それ（that）が私たちによって具現化されるとき、インドの人々が言うように、『我はそれである（I am that）』と躊躇なく宣言すべきです。インドの表現を借りれば、その時こそ、私たちはかのもの（宇宙神）を自分自身の上に実現して、このもの（神我）としたのです。以上は、しばらく沈思熟考すれば誰にでもはっきりと理解できるはずです。

8　人間の意志と宇宙の原動力の関係

実情が以上の通りであるからには、もはや意志力が自分を支配する方法でないことが判るでしょう。なるほど意志の力によって、自分を支配しようとする心は起きますが、意志自体は支配の背後にある原動力そのものではありません。意志は支配とは全く別のものなのです。我の意志では自分の想念を一点に集中することはできません。明確な自己統制や精神行為は、千々に乱れ、迷いがちの想念や感情、あるいは行為を唯一つの中心による統制にもっていくことができるものです。それは、人間がいつも利用している属性ないし要素であって、人間は、それを手段として事をなす主権をもっているわけです。しかし、手段としてであって、それを超えてではありません。これが、すべての状態を起させる原理〈神〉という焦点に、自分の物の考え方を合わせた瞬間に発動させられる力です。

9 高次の力を獲得する人間意志に関する原理

非常に簡単なたとえを一つとってみましょう。人間が数学の原理に従うのは、自分自身の心の力によるものです。しかし、自分の意志によって原理そのものを動かすことはできません。原理はひとりでに働くのであり、その関係分野の中では、唯一の支配の中心であるわけです。

人間は自分の意志を、数学の原理の働く線までもっていくことはできますが、それから先は原理そのものが原動力なのです。さらに正確に言うと、自分の意志を数学の原理に従わせることによって、自分に数学的な力が潜んでいることに気づくのです。すなわち、人は自らの意志をもっと高い権威に従わせることによって、その権威の具現者となり、その力を獲得します。これが人間意志に関する原理なのです。

ところが、実際には、高き権威どころか、元来は何の力もないモノに自分から隷従していくところから、人間の弱味が出てくるのです。しかしまた、このことは、逆に言えば、意志を従わせるべき対象によっては、いかに巨大な力が人間にとって可能であるかの証拠にもなるわけです。人間は今やこの意志の原理を適用して、唯一原理にのみ本来の力があり、それ以外のものには、本来何ら他を支配する力のないことを学ばなければなりません。

10 理想は神が実現させる

もし、私たちの状態が、唯一原理ないし唯一心に合致していれば、私たちの毎日の生活は、前記の事実が具体的に適用されている証拠です。たとえば、私たちが何かある完全な状態を目標とする理想を描くとすれば、即座に私たちは、唯一心の支配すなわち原理に合致することになります。

自分自身のために、特定の理想を描き、その成就を目指す、しかもそれが高い理想であれば、直ちに神の力が働いて、それを実現しようとするものです。理想が描かれ、それによってその背後にある神の力が働きだした瞬間、実はその理想は実相の世界、理念の世界においては、すでに完成しているのです。すなわち、理想が私たちの意志活動によって決められ、唯一原理が活動している中に投影された瞬間、それは神の世界においては、いわば完成品となっているのです。

11 理想実現の抑圧

ある事物に二つの意味がある限り、果してそのいずれが忠実に現象化するかを予測することは困難です。大師方は、霊的なるもの——すなわち霊的不可視のものとして顕現したもの——すなわちまた、理念の世界において描かれたもの、以外の面は全く考慮に入れていません。

もし、私たちが、大師方のように常に霊的なもの以外の面など歯牙《しが》にもかけずにいれば、何かを口に出して言ってしまえば、いえ、口に出す以前に、すでに実相界においてそれが実現していることは間違いありません。ところが、この原理を知らないために、私たちはせっかく理想を描いても、その実現に疑《つぶ》いを持ったり、不安を抱いたりして、せっかく実相界においては成就している原型を潰《つぶ》しており、結局自分で理想の実現を抑圧しているのです。

それは、その顕現の場を性急にも実相世界外の面に求めているからです。最初は、実際には一つの面にのみしか顕現しないことが、今日では決定的に明らかになっています。それは常に霊的不可視の実相界に現れるのであり、このことは常住変ることなき事実です。

12 物質化の前にある霊的原型が本物である

もし私たちが、霊的実相のみを思い、その中に常住するならば、それは必ず忠実に現実化します。物質的な現象界への現れのほうを先に求める必要はありません。なぜなら、そうすれば物質化という立場で物を言っていることになり、物質化の前にまずその霊的原型が先行するのであって、従って霊的な立場からは、それは事実ではなくて仮相なのです。常に霊的事実、すなわち霊的原型が本物なのです。現象界の事実なるものは霊的なるものの顕現なのです。2プラス2は、数学の原理において4であり、心の中でも4であり、現象面においても4ですが、三つの面が別々にあるのではなく、いかなる点においても分離することなく、変異することなき、全き数学上の事実であるだけです。

13

現象を霊的な面にまで高める

いったん現象化した以上は、それを物質的と言おうと形而下《けいじか》と言おうと何ら害はありません。なぜなら、それで事実に傷がつくわけではないから、とよく言われますが、現象は常に霊的な面にまで高められなければなりません。

イエスが「汝《なんじ》らがもしすべてのものを霊にまで高めるならパンはすでに実現したので

す」と言われたのは、そういう意味だったのです。イエスが、「父よ、あなたが今、わたしの願いを聞き給うたこと、常にわたしの願いを聞き給うこと、に感謝いたします」と祈ったのも、明らかに、このことが心の中にあったからです。イエスはご自分の理想と考えられたことが、すでに実相――霊の世界においては実現していることを充分にご存知だったのです。従って、それは瞬間的に現象界にも実現したのです。そこで「汝らがブドウ畑に行くなら、すでにブドウは収穫を待っている」と言われたのです。

14 困難など本来実存しない

従って、私たちもイエスのように、明快な立場に立つようにすれば、今のあらゆる窮境から完全に脱出できることは、疑いありません。イエスは、このような態度によって、あらゆる困難から直ちに超脱しました。しかしそれは何も長い時間かけて苦心惨憺《さんたん》の末に漸《ようや》く超脱したのではなく、一瞬の間に成就されたのです。イエスは困難など本来実存しないことを見抜かれたのです。

と言っても、それを否定したのではありません。イエスがどんな場合でも、困難なるものをわざわざ否定したのではないことは極めて明らかです。ただイエスは、常にそれらの困難を超越した真の霊的状態〔完全円満な実相の状態〕まで高揚したのです。というわけで、何もことさら否定する必要もなければ真の霊的状態、すなわち実相以外のものに注意を払う必要もなかったのです。イエスは、「わたしは何時も神霊の中に住んでいる」と言われました。

15 聖書の誤訳

このことが聖書では、「わたしは常に一つの霊（a spirit）の中に住んでいる」となっていますが、これは全くの誤訳です。在るべきでないところに「一つの」を入れたために、かなり違いが出ています。私たちの理解の仕方にたくさんの間違いがあるのも、原因はそこにあったのです。

16 神は霊なり（God is Spirit）

キリスト教の聖書は、「神は一つの霊（a spirit）なり」と言っていますが、原文は「神は霊なり（God is Spirit）」であって、神を一つの属性や状態に限定してはいません。ある著述家が、「それは、私たちの知性という一升枡《ます》の中に神を押し入れようとするようなものだ」と表現していますが、全くその通りです。

霊も心も同じ意味の言葉です。その波動の影響においても、また同じです。違うように思われるのは、想念を、指示する心そのものだと受け取っていることです。心とは、意識のことです。なぜなら、心と意識は引き離せないものだからです。ところで、意識の要素は想念であって、私たちが霊における事実、すなわち実相を意識した時は、心と霊には、何の差異もありません。その時私たちは、霊的意識の状態、すなわち実相覚《じっそうかく》にあるのです。

17 心が活動しないということ

意識の働いている状態を心とみなしてよいですが、同じく意識の働いている場合が霊です。二つとも同意語なのです。どちらも、人の中において沈黙し、あるいは埋没はしますが、外部の状態の中に埋没することはありません。仮に外界が内界と同じになったとしても、心はその人の中に埋没しているのではなく、ただ活動しないだけのことです。本人が埋没していると考えているだけです。本人がそれを意識しなければ、それは彼にとって存在しないのも同然です。しかし、それでも意識は現存しているのであって、常在するもの、すなわち霊における事実に意識を向ければ、意識がたちまち現れてくるのです。

心に指令を与えるもの

18

意識という要素は、心の原動力であるというよりむしろ、心に指令を与える働きを担います。この要素は、心が発するものを送り出すのに、もしくは私たちの表現を用いると、心が発するものを本来の状態まで高めるのに、必要不可欠です。ただし、それには意識という要素が、霊的事実（Spiritual Fact）に忠実であることが条件となります。

すべての背後にあって、すべてに浸透している創造エネルギー

19

現在、科学者たちは万物の究極の原因についてこれと同じ結論に近づきつつあります。彼らは物質を造り上げているものを全部分解して、放射エネルギー、すなわち不可視の霊に還元しています。霊はあらゆるものに浸透し、あらゆるものの中に現れています。ラジ

ウムをはじめ、すべての元素がただ一つの根源元素、すなわち、放射エネルギーに還元されることが判っています。しかし、このエネルギーは、最後の分析の結果では、決して盲目的な力ではなく、智慧《ちえ》ある力であり、自分自身の行為が判っているのです。科学者は、自分の行動を自分で知っているらしいある形態の電気が存在していることを認めてさえいます。すべての背後にあって、すべてに浸透しているこの創造エネルギーは、自分自身を自覚しています。ゆえに、それを私たちは、霊または神と呼ぶのです。それと同様に、肉体という目に見える人間の本質は、その奥にある不可視の神であり、それが人間の実相です。それはキリスト教の聖書の表現を借りれば、普遍・全能・全智です。

20 「私は彼（神）である」

人の心の中に、中心となる考えがあって、その考えのいろいろな働きを意識の中で統一するようになると、ここで初めて「わたしは何々である〔例えば、「私は男である」「私は秀才である」「どうせ私は落伍者なのだ」等々〕」(I am That.) と称し始めます。このことは、その中心観念、すなわち原理の権能を自分の中に集中し、自分をこの権能の中心にすることです。

「私は〇〇である」（I am…）といったん決めてしまうと、それまではただ自分自身の潜在能力の中に閉じこもっていた心が活動するようになります。私たちが「私は……である」（I am）と想念を集中した瞬間に、心は活発に働きだします。その集中された点は常に中心となって、そこから、現象人間の在り方すべてを統御および決定する、権威ある命令が発せられるのです。従って「私は……である」（AM）という表現は、人間の本当の像、真実の在り方、本来完全円満なる像・実相を示すために用いられるべきであって、表面の、いかにも自分らしく現れている像を示すために用いられるべきではありません。

「私はアレである、というのが私である」（I am THAT I am.）。これこそが宇宙の発動権能（すべてのものを超越し現象化させる権能）の現れです。かの I am（THAT "I am"）「私は彼［神］である」の他には実在はないのであって、その他のものは迷妄にしか過ぎません。

聖言アウム

21

このI AM（アイ アム）というのはモーゼにとって神でした。以来"I am"は神の代名詞として各時代を経て伝わってきましたが、インド人にとってはそれ AUM（アウム）であり、アーリア民族にとってもAUMであり、中国人は TAU（タウ）と言っています。

停滞磁場を消し去る

22

ラジオや自然科学分野に共通の、エーテル内のいわゆる「盲点」は、ある意味では人間意識における盲点を象徴しています。ラジオ指向性電波は、これらの非磁場の中を、まるでそれが存在しないかのように飛び交っていますが、気圏の各層すなわち、同心帯を形成している大気状態は動いています。しかし、私たちの地球では、それは静止しています。私たちのこの同心帯の磁場の上を非磁場が動くと、真空に似た状態ができます。今度は、磁場が地表上の非磁場の上を動くと、前者は後者の中を通過して消えて無くなります。この現象は、昼より夜のほうが強力であって、これらの非磁場はいわば、人間の意識中のある停滞状態のようなものです。

無明すなわち無智が大きいほど、この停滞状態もまた大きいのです。しかし、一度霊的I AM（神我）という積極的放射物、すなわち人間の実相の宣言によって、これらの意識の停滞状態を貫けば、この停滞状態は無に等しくなるのです。人間の性質と、宇宙におけるその地位についての霊的事実を執拗《しつよう》に宣言しつづけていると、遂に人間の意識や人事におけるこの停滞磁場は消え去ります。

23 完全なるものは一つしかない

唯一心〈神〉は、新しい理念を始終創造しているわけではなく、太初に創造された理念を顕現しつつあるのです。それは唯一心が全智なればこそです。なぜならば、完全なるものは一つしかないのですから、完全なる理念も宇宙創造の時にたてられたもの一つだけです。唯一心は自分自身以上でも以下でもあったためしはなく、また、今後もそうです。

従って、その過程はすべて反響なのです。ちょうど現在のラジオ電波と同じようなものです。ラジオ電波は一空間から他の空間へ往復、あるいは反響しつつ拡がってゆきます。一空間から他の空間へと言いましたが、空間から空間へと言ったほうがよいでしょう。

24 想念は全空間に遍在している

想念はいかなる放射物よりも、もっとも強力です。なぜなら、それは電気やラジオの波動の場を支配するからです。事実、電気とラジオの波動の場は、想念の波動の場にぶつかると、はね返ります。ラジオは導体のいかんによらず、空中の行路あるいは方向を辿《たど》ってエーテルの中を作動しますが、想念はこのような意味での「移動」をするのではありません。なぜなら、想念は遍在するからです。

空間のどの地点を取りあげようと、想念はすでにそこに存在します。想念が移動するように見せかけるのは、想念が電子を衝撃するからです。心が動因で、想念は心と同時に動き、電子を衝撃すると物質が動き回り、想念を母型として物質が凝集し、想念が現象化するのです。

25 完全の中には時間や空間は存在しない

私たちが空間と言っているのは、実は唯一神霊（神）なのです。それは原理であり、その原理によって大霊（神）の心の複写である人間の魂は、時間と空間を超越することができるのです。なぜかと言うと、宇宙霊の中には、時間と空間というものは存在しないからです。

宇宙霊にあっては、すべてが完全であり、完全の中には時間や空間のような二元相対のものはありえません。これが、「キリストの中にあるのと同じ心があなたがたの中にあるようにするがよい」という聖書の意味なのです。それは、個人と宇宙霊との間に実存する、完全なる一体の実態であって、各個人はこの事実を自覚しなければなりません。これこそが、各個人を通じて意識的に働いている本来の完全なる心、統制する心なのです。

26 「平安なれ、静かなれ」

肉体人間、すなわち自分と神、言い換えれば唯一心とは別々の存在であり、一つの空間から他の空間へと移動するような、物質的存在を自分だとしか考えない人間は、迷妄の中に自力で動き回っているのみであり、従ってまた、不幸の結果を招いているのです。しかし、人間は実際には唯一心の中にあり、それに所属し、その中に生き、動き、それを本質としているのです。

イエスのいろいろな言葉のうち、一番優れているのは、「平安なれ、静かなれ」という言葉でした。この言葉は、決して我の意志でもって、大声で言ったのではなく、神との一体感からくる穏やかな、しかしすべてを知り尽した力となって出てきたのです。そこに最大の安心があり、最大の力があるのです。

この単純な言葉によって、最大の嵐を幾つも克服されたのを、私たちは見ています。人が唯一心の支配力を感じうるようになれば、人間心の、いわゆる、「煩悩の嵐」も同様にして、静まるのです。

【講義指針】

1・2項は、心が分裂している限り、力の感覚、方向感覚は失われてしまうことを、各人が明確に理解する充分な機会を与えます。

あるはっきりした前提があって初めて物事は築かれるのであって、この前提に達するまでは何事も進められるものではありません。イエスが、「汝、汝の神たる主を拝すべし、汝の主たる神のみに仕えるべし」と言われたのは、この意味であったに違いないでしょう。

3項　この唯一の基底である生命原則、すなわち神が宇宙を支配している力であって、人間はこの原理との関係の中にのみあるのです。人間の存在を調整して調和あるものにしてくれる唯一のものは、自分の現在の能力全体を、本源である実相に合せることです。

4項　人間は自分で外界に力を与えてしまっています。本来外界には力はありません、また、力を与えたように見えていてさえ、実は何らの力もありません。その力は依然として自分自身の中にあるのであって、環境や自分自身の実相（I AM・神我）、すなわち中心にある真我以外の何かに力があるように見えたとしても、実は彼自身の中にある力の倒錯なのです。力は常に人間自身の中にあり、与えられた指示に従って働くのです。しかしまた、それらすべての背後には宇宙の支配力があり、個々の私であるところのものは、普遍的なI AM（実相）と一つでなければなりません。原因と結果との間には完全な一致がなければなりません。なぜなら原因の動きが結果の生命であるからです。

5・6・7項はこの趣旨に沿って、そしてあらゆる人々に永遠に益する、この教訓に沿って、さらに話を進めることができます。本項の内容ほどキリストが世界に与えようとした真の教えと完全に一致するものはありません。「あなた方は、これらのものよりも、もっと大いなることをするであろう」というのが、人間の潜在能力に対するキリストの評価でした。

8・9項　この2項から、最も有益な教訓と、諸々の繋縛《けいばく》から解放してくれる実習法を生み出すことができます。無理に想念を現象化しようと尽力したところで、それは愚の骨頂でしかありません。そんなことをすれば、自分に破壊的な影響がくるのが落ちです。それ自身のすでに完成した現れとして、天と地を創り出したところの、中心たる高級放射にして、かつまた人間のあらゆる建設的な考えの背後に自立する事実であるところの宇宙力を受け容れることが、解脱《げだつ》への道です。

10項はいわゆる実証の手続方法を示すものです。この実証の手続方法とは、結局、私たちの不完全感をかなぐり捨てて、事実を受け容れるということにつきます。

11項は結果として現れる場合に、いかなることが起きるかを正確に示しています。すべての二元性から心を解き放つことが、あらゆる事柄の解決法です。

12項は前項の考えをさらに発展させたものです。

13・14・15項は前項の補強の資料に使用。

16項　私たちがいろいろな「心」と称しているのは、実は考え方の相違にすぎないことを、ここでキッパリと明らかにしていただきたい。いわゆる心とは、人間に備わる霊的な能力が歪曲《わいきょく》され、低い目的のために最低の性能で働いている状態のことなのです。人間が、「人間の背後にある神の想いを思う」ならば、彼の心は霊化されます。すなわち、その本来の分野で、神の想念でもって働くことになり、彼は神の考える通りに考え、否、もっと正確に言えば、考えるのではなく神がすべてを知り見通すように、彼もまた、すべてを知り見通すようになります、人間心はあれこれと考えます。しかし、神の心は、初めからすべてを知り尽してこうだと知っているのです。

17・18・19項はこの考えをさらに発展させ、人間は自分の本源と意識的に調和して働いて、初めて本当の生きている人々と言えることを強調する、絶好の機会を与えます。

20・21項「私は……である（I AM）」という表現を正しく用いることは、自分の本性を自分の根源（神）の中に保ち、かつ根源とともに在り続けることであり、本来の自分、すなわち真我の像でないものまで自分の本性の中に採り入れることではありません。人間は、経験の集積ではありません。人間は実在そのものなのです。

自分の実相ではない小我のやった経験で、決して自分自身を評価してはなりません。自分は常に「神霊の中に在る」（I AM IN SPIRIT）のであって、経験の中に在る者ではないし、世俗における経験の集積でもありません。いかなることを経てきたにせよ、また、これから経ていくとも、自分は依然として本来の意味における自分、すなわち、神の似象たる神我なのです。

22項は霊的事実、実相が、あらゆる意味における制約を超越して、その影響を遥か遠くに及ぼしていることを示しています。神霊は、悪・損失・欠乏・貧困・病などを全く知りません。そのようなものは人間意識の盲点にすぎません。実相を知り尽している心にとっては、そのようなものは非存在であり、また、そのような心は常に、実相及び実相智と歩みをともにします。

23項　神である心は、昨日も同じですし、永遠にずっと同じです。私たちにとって新しいと見えるものも、実は以前から常にあり、それを私たちが発見したにすぎないのです。治癒やいわゆる実証というのは、なんらかのものを生じさせることではなく、実際には常に広く行き渡っている状態に、目覚めることなのです。

24項　いわゆる想念の力は、想念自体の力ではありません。想念は力の運搬役にすぎません。力は霊に在るのです。想念は、諸々の規準や目的に合致する限りにおいて、霊の中で力を伝えるのです。「わたしの言葉は霊である」とイエスが言ったのは、イエスの御言葉は、イエスが神の意思と呼んだ普遍的な働きに精確に合致している、という意味だったのです。

25・26項は、人間が無限な空間の必須の構成部分でこそあれ、統一のない個々バラバラの形態の中の、バラバラの孤立した存在でないことを示しています。「一つのみ霊によって、わたしたちは一つの肉体の中に洗礼されたのです」と、示されている通りです。ものみなが久遠に一体であることを知った時、初めて私たちは平安を見出します。それこそが、私たちの力の場であり、そこでは、すべての真理に背反する迷妄は、悟りという光耀《こうよう》の平和と静謐《せいひつ》の中に溶解するのです。

第3章

二元性は完全調和する

二つ心は力の分散

1

西欧人は多くが唯一心、すなわち原理は見ないで、二元性を見ています。従って力を分散して唯一の力、すなわち唯一原理のみを見て、自分自身やすべての者が唯一者（One）の必須の構成部分であると見なすように、自分の心を保つことができません。

人間は神に似せて創られた存在

2

「見よ、私たちの神は一つである」と聖書には書かれています。人間が自分自身の本性に調和して生きられるのは、この基本的な真理が保たれているからです。人間はその起源も判らないバラバラの存在ではなく、実に神の像として、神に似せて創られた存在なのです。

宇宙の秩序からしても、本来ならば人間は、ありとあらゆるものを生かす創造的要因

(Creative Cause) の力に浴し、それを我が物とすべきであるのにそうしないのは、ただ、神から孤立している感じを抱いているからであり、それが、すべての不善の根源です。

この孤独感のために人間は、幸福とは正反対の結果をもたらすような、あらゆる種類の行為を考え出して、揚げ句の果てに、自分の不幸の原因を、宇宙全体の仕組みのせいにして非難する傾向になるのです。しかし、実際は、その責任は全部自分自身の行為にあるのです。なぜなら、宇宙は何ら彼を孤立させておらず、本人が自ら孤立したために生じた困難について、宇宙に責任はないからです。「私に帰りなさい。そうすれば、私もあなたに帰ろう、と主は言われる」。創造された全体系の神聖なる秩序における、正当な地位を受け容れる人に対し、唯一者 (ONE) は、この聖言を提供しているのです。

3 二元性を完全に除く

二元性というのは、全体を顧《かえり》みない想念と行為から出現したものです。しかし、二元的な考えを逆転させる、すなわち作用の一点 (One point of action) に思いを向けることにより、二元性は完全に除くことができます。

二元的な目的の下では、もしくは二元性を有しているというだけで、事は成し遂げられないことは、周知の通りです。

4 自然には二元性は存在しない

実際には、自然には二元性は何ら存在しません。なるほど、陰陽・善悪・寒冷などは、すべて相反するものですが、それも相互に関係づけ、統合すれば、おのずと思考は唯一の目的、唯一の行為、唯一の原理に到達します。相反しているように見えるからと言って、本当に相反していると考える必要はありません。根本的に確認すべきことは、一元的目的ということです。

イエスは自分のなした偉大な御業はすべて、イエスの言葉を借りて言えば、終始一元的態度、すなわち、「不変の目的を堅持した結果である」と常に言われました。この不変堅持が、私たちに万物同根・万物一体の大覚をもたらすのであって、この万物一体の中にこその原理は常に内在するのです。従って、そこにこそ、二元ではない、かの「一つの目的」すなわち、一つの実相（I AM）が実存するのです。

5 原理に二つはない

インド人の場合、自分自身を指すのにＩ（私）を使う者もいれば、Ｉ AMという言い方をする者もいます。そのために二元性が生じ出したのだ、と考える人もいて、また、そのような語法の慣習は、用語者の態度や目的に二元性を生じさせる、と信じている人も多くいるのですが、実際には、すべては究極において唯一の目的に相関連し、相従っているのです。原理に二つはなく、すべてのものの中に原理が内在して一体となっているのです。

“I AM”という言葉は、まさしく精確な原理即真理を現わしています。私たちは自然の二元性を認めません。認めないために、それは調和するのです。

6

罪・悪は本来存在しない

冬と夏とは別々のものではなく、一つの自然の異なった相なのです。冬も夏同様に、植物にとっては必要欠くべからざるものであって、一つの工程に、ある二つの相が描かれているだけです。悪と呼んでいるものにも善の萌芽があるもので、よくよくその様子を見ていると、しまいに悪の感じは消え、すべては善のためにともに働いているのだ、という感じがするだけです。

見たところ貧困と苦痛でがんじがらめにしている悪にしても、その中にひそんでいる善に気づいて、それに向い合っていると、一見悪と見えたものも消えるはずなのです。イエスは、盲目は悪ではなく、悪の結果でもなく、「神の栄光」を現わす機会にすぎない、と言いました。

数学上の問題にしても、数学の原則にとっては異物ではなく、また、数学家志望の人にとっては障害でもありません。数学上の問題とは、ある特殊の状態を述べ、その状態に対し、いかにして原理を適用して初期の目的を生み出すか、というのであって、そのような状態に直面している人自身にとっては、それは成長の一手段です。

最高善に相反すると思われる諸々の人生の状態は、実はすべて練習問題であって、それと取り組むことによって鍛錬され、遂に私たちはすべての人・物・事に内在する唯一者の完全さのみを見て、それを顕現していく強靭《きょうじん》な性格を完成するに至るのです。

人生をこのように見ていけば、不愉快なものはすべて消え、すべては一種の練習の遊戯となり、この遊戯の中で、私たちは見、生き、かつ存在を得て、すでに今、ここに実存している実相の善を、私たちの人格と私たちの世界に現わしていくのです。その時、自然は相調和し、万物は調和そのものとなるのです。いえ、初めから調和そのものだったのです。こうして、すべては唯一者の唯一目的を目指して働いていくのです。

7 人間の天性は永遠に善

完全に調和したものと、全く不調和なものは、初心者にさえもそれと判るように、各人は自分自身の中で普遍原理に一致している場合と一致していない場合は、自分で判るものです。自分の心の中に何かしら不調和なものがあるというのは、自分が事物の自然の秩序に調和していない証拠なのです。

人間が完全な進歩を遂げるには、いかなる状態に対しても、常に内部に静謐が保てるようにして対処することに、その秘訣《ひけつ》があるのです。しかし、すべてのものを貫流し、すべてのものに内在している先天的な善を認めず、そこから離れている感じが存する限り、それは不可能です。

本来人間の天性は、永遠に善なるものに初めから同調しているのです。なぜなら、彼は神から発生した者であり、神は善だからです。我が実相なる善は、久遠に、かつ誤ることなく、我が心情及びすべてのものに顕現しようとしているのだ、と自覚した時、現象としての私たちは、自分の存在の原理、すなわち実相としての神我に調和しているのです。

あらゆる経験には、必ず善なるものが潜在していることを発見しようと努力すれば、他の者には悪としか見えないものでも、本人にとっては、善を発現させる根源となる悟境に直ちに到達するようになるのです。

8 相反する二つのものを調和させる

その他すべての相反するものに関して、私たちはこれと同じ態度を取ることができます。反対の現象がたくさんあっても、こちらさえ反対しなければ、それは反対の中には入らない、とも言われています。相反するものであっても、それらに対する態度において、二つを調和させねばなりません。なぜなら、全体の立場から見れば、それは決して調和から外れていないからです。

すべてが調和した態度をとるようになると、自身の内と同様、すべてのものの中に円満な関係を見出します。こうして、完全調和という、単純な態度に至ります。その時、一切の不調和はありえません。人生において、いかなる不和もなくなるのです。相反するものの間にも、もはや不調和はありえません。なぜなら、すべては、究極原理の中においては、お互いに完全な関係を保っているからです。

9 唯一の不調和は人間自身の想念にある

多数の科学者たちもまた、現在その研究を通して、同様のことを解明しつつあります。すなわち、現存する唯一の不調和は、対象の中にあるのではなく、主観である人間自身の中にあるのであって、その源は、不調和な想念にある、というのです。アメリカ人のものの考え方は、一番不調和であると現在言われています。この事実は、アメリカに入国してきた国籍が異なる無数の人々の考え方に多くの差異があることが原因であることは、極めて明瞭《めいりよう》です。彼らはまだ充分には同化していません。しかし、それにもかかわらず、大いなる同化の過程が、今極めて急速に進みつつあります。

10 真の調和は共通の素因から

同一物に対して等しいものは相互に等しい、という数学の原理が、結局、すべての調和のカギです。米国に調和らしい調和が確立されうるのは、アメリカ国民が共通の素因によって動くようになった時のみです。以上は、個人についてあてはまると同様に、世界についても一般的にあてはまることです。単一の組織にせよ、多数の組織にせよ、その中にある力全部が単一の素因によって作動し、所与の目的に向って完全に一致して動いた時に初めて完全な調和が実現するのです。

11 霊的視野を拡げるほどに、物質世界も充足する

ユングはその著作の中で、洞窟の中に籠った時の自分の体験を物語っていますが、これ

によって彼が、すべての物事について調和の態度を持する上での、大いなるカギを見つけたことは疑いありません。と言うのは、インドでは人生の一大事を究めるために、洞窟に籠って完全な沈黙行に入る人々が各地にいるのですが、この人々についておよそ入手しうるかぎりの事情を調べてみると、結局全部が全部、自分の周囲の諸々の葛藤《かっとう》に対して、心動ずることなく、完全に沈黙を守り得る悟境に到達した時こそが、実は彼の生命は、見かけ上の沈滞に反して、最大の活動をしていることが判ったからです。

さらに彼らは、その霊的・精神的視野を拡げるほどに、さらに遠くを洞見《どうけん》し、物質的なるもの、形而下《けいじか》のものを貫き通し、彼らのいわゆる、万象相調和している完全な実相の状態を完全に徹見《てっけん》するのです。すると、彼らが普遍的真実と見ているものが物質の世界につながるのです。とは言うものの、現象の世界が霊の世界に隷属させられるのではなく、現象の世界が、その本来の状態につながったというだけであって、その時に霊の世界が忽然《こつぜん》と現実化するのです。その現れ方たるや、彼らの意図のままに、実に調和の中に、完全に行われるのです。

12 以上は、すべての人々が何かある原理を実地に適用する際に従っている手続と全く同じ方法です。まず外側の形（これを通じて一応原理が表現されるわけですが）には触れないで、その奥に働く原理を完全に識別することが必要です。その後に、この原理を関連づけていくと、ここに初めて、音楽におけるハーモニーとリズム、種々の問題の場合、その正確な答え、完璧な建築物、完全な絵画、完全な彫刻等の結果となってくるのです。これらはすべて、その根底にある本質と自分を一体化する能力によって実現するのであり、さらにまた、その本質は、原理の中にある美と調和そのままの形象として顕現するのです。

悟りを得るのに、難行苦行の必要なし

13 さて、前記11項で述べた人々は、調和に満ちた関係の中に入るには、何も各人が自分たちのような特殊な修行をする必要はなく、普通の職業生活の中でも達成できる、と言っています。起きている現象を把握し、確かな悟りを得るために、ことさらに洞窟内での修行

をするのであって、いったん悟りを得れば他の人々に教えを垂れはしても、自分たちがしてきた通りのことをやるように、とは要求しません。もっとも、自分たちのような難行苦行をしても悪くはないが、何にせよ、悟りを得るのに、従来より短期で済む方法、あるいは、容易な道が発見されたのです。何も長期間瞑想《めいそう》に耽《ふけ》る必要はない、実相観の中に入った瞬間、すでに人は調和と一体になっている、と説いているのです。こうして、その瞬間から人は進歩し始め、その想念は混乱から調和へと変り、争いは消え、肉体の波動は高まり、絶えず闘争なき波動となるのです。

14 大師は説く「啓示したことを素直に受け容れなさい」

このような境地への到達が一人の人間にできるのであれば、他のすべての人々にもできるのです。しかし、そのために長期間苦闘する必要は必ずしもありません。事がいったん解明された以上は、後は、それを受け容れるだけです。それが、大師方の次のような考えとなるのです。「我々は、いろいろな過程を経て発見した。従って当然発見に至る極め手を知っている。しかし、我々以外の人類一般としては、何も自力で改めて発見し直す必要はないのであって、啓示したことを受け容れさえすればよいのです」

そういう次第で、一般大衆としては今さら座禅を組んで三昧などに入る必要はありません。このことを、大師方は「座禅を組み三昧に入る人は、自分が発見したものを人に教えることができる」と表現しています。皆が希望であれば一応三昧に入る練習をすることも、悪くはないでしょう。もっとも、次の理由で、それは不必要なのですが。すなわち、すでに啓示されたものを受け容れれば、受け容れること自体がある整理作用をなし、同時にある種の賦活《ふかつ》作用が働き、把握が以前より速くなるからです。

啓示された知識を素直に受けてそこから出発すれば、従前よりもたやすく、実相観が可能となる、すなわち大調和の世界と自己の実相に波調が合うのです。ですから、そこに至るまでの多くの苦難に満ちた予備楷梯《かいてい》を経てこられた先達の仏果に素直に従っていけば、三昧境へと直接至ることができるのです。

この境地に到達した人々こそが「道」案内人であり、導師なのです。このような方々が言われる通り、何も先達のやってきたことを一歩一歩そのまま真似る必要はありません。なぜなら、この方々は険しい道を歩きやすいように舗装してくれたのですから。この方々はある境地を実現し、それが本当は誰にも備わっていることを悟らせ、そこに至る道を、すべての人々に開いていったのです。

15 イエスの代理贖罪の真理

これが、イエスの代理贖罪《しょくざい》〔人類全体の罪をイエス一人が身代りとなって贖《あがな》うこと〕の背後にある真理です。イエスは、イエス自身が父なる神と一体であると同様に、私たちもまた、父なる神と一体であることを、道案内人として説き明かしたのです。イエスがそのことを既定の事実として明らかにした以上、私たちは何も刻苦奮励して、この悟りの状態に、もう一度戻る必要はありません。私たちがやるべきことは、イエスが真理として証明したことを、私たちも真理として受け取るだけです。「三角形の角の総和は二直角に等しい」とすでに証明されたものを、今さら私たちが証明し直すには及びません。

啓示された事実である以上、私たちがなすべきことは、ただそれを受け取るだけです。提示されたことが真理であるかどうか怪しければ、私たちはめいめいで数学・機械工学・美術等、この理なるものをいちいち証明しなければならないことになるでしょう。しかし、他の人がそれを証明した以上、私たちはその人たちの労苦を代って、その人たちが止めた所から出発し、その人たちが証明した原理の下に、次のより高き境地、水準へと進んでいくべきです。

16 100人によって数千人が高められる

集団は大きければ大きいほど、言い換えれば、あるグループの成員の数が多ければ多いほど、その影響力もまた大きい。影響が大きいほど、その刺激もまた、大きいのです。従って、例えば100人から成るあるグループが三昧、すなわち、完全なる実相観を持続すれば、そこから生ずる影響力は、数千人に及ぼすにも足りるでしょう。従ってこの100人によって数千人が高められ、より大いなる真理の光を受けることになるのです。

17

ヨーガ行者が人々に与える影響力

ヨーガ行者が極めて重大な役割を果たすのも、このような理由からです。彼らはこの影響力、殊に体の完成への影響力を発揮することに、自分の生涯のある部分を意図的に捧げています。彼らがヨーガ体系を実践することで、あらゆる人の体の完成が可能になっているため、すべての人が、体を完成するためにヨーガを行じる必要はない、とよく言われています。十字架上でイエスが生涯を終えたことによって示さているのは、このことなのです。イエスも彼らも、自分は人生を放棄したのではないことを判っていました。彼らはただ、多数の人々に身をもって範を示すために生涯のある部分を捧げたのであり、そのことによって、世の人々の導師となったのです。その恩恵によって進歩しうる人々は、さらに高く、しかも大いなる歩幅をもって前進するのです。

常に蔭《かげ》の力となって働くあるグループから発する霊波

18

ヨガの数多い種々の過程を必ずしも一つ一つ踏んでいく必要はないと言われるのは、この理由によるのです。人々の目にふれないところで、常に蔭《かげ》の力となって働く、ある選ばれたグループがあって、多くの時間と力を奉仕に捧げており、その人々がそれとなく与えてくれる力のお蔭で、前記の楷梯をほんの数時間で完了する人も少なからずいるのです。このようなグループから発する不可視の影響力が各地にあって、そこから常に放射されているので、それに波調を合わせることもできます。

護持の霊波を受ける方法

19

ちょうど、ラジオ放送による音楽を電気層からピックアップできるように、この影響力は霊的層でピックアップすることができます。電気層からピックアップしたラジオ音楽が、物質層や精神層でも聞こえ、感じられるように、これらの霊的影響力はそれ以下のあらゆる層に現れます。なぜなら、それはすべてを包含するからです。あるがままに観ることに目覚めれば、すべては完全なる調和の下に働く霊的な層、普遍の層なのです。それに接するには、何も特定の大師方や、その霊波を求めるのではなく、あらゆる時間と空間に充満する底の調和にみちた想念と霊的影響力の層を求めればよいのです。大師方もこのような層の中で働いています。

20 究極の唯一なるものへ

一本の線には両端があって、見たところ相対立しているようですが、これが相合すると円となり、対立は消滅します。次に、この円を拡張していけば完全なる球となります。球とはすなわち、あらゆる要素が完全に調和した関係です。ミリカンが言ったように、「宇宙的なもの（the Cosmic）が球になる」のです。

このように、円が、あらゆる面で完成されて球、すなわち完全なる一体が実現したわけです。点が線となり、線が円となり、円が球になる。このことはあらゆる種類の想念にもあてはまるのであって、何にしろ、すべての人・物・事を、それのみに即して見れば、それぞれに孤立し、あるいは不調和にしか思えませんが、それを究極の唯一なるものに関連づける過程を絶えず続けていけば、遂には、すべて一体、すなわち、一者という点に到達します。これが一点集中です。

21

三昧の境地、一心集中

人は一心集中すれば、三昧の境地に入ります。三昧の境地とは成道（完全化）が始まる境地のことです。ただし、その人が前記の一点集中の境地に達するならば、です。

22

一心集中はすべてを関連づける原理によって実現する

この一心集中、あるいは一点の境地は、実は心の拡大であって、集約状態ではありません。一心集中は、一般に誤って考えられているように、他の物をすべて排除することによって実現するのではなく、むしろ、すべてを関連づけるという原理によって実現するのです。三昧によって、各人は全体、すなわち真理、また、原理まで徹見することが許されるのです。

23 顕在意識と潜在意識が一致した「超意識」

従って、この道理が判れば、西欧人のいうような顕在意識がどうの、潜在意識がどうの、ということはなくなります。実際には唯一心があるのみです。それを超意識（Super Conscious）と言ってもよい。現在一般に差別され、対立させられている顕在意識と潜在意識を相一致させうる境地がこの超意識であり、自覚するのはただ全体のみです。従って、それは完全意識です。よって、そこには、何の分裂もありません。分裂がない以上、すでに完全な大調和があるのであり、しかも、そのことがおのずと自覚されているのです。

24 自ら一者となれ

顕在意識と潜在意識等に心を分けたのは、初めは教える都合上からでした。しかし、実はその反対が真理なのです。私たちは、唯一心という立場から考えかつ行動した時に、初めて心が一番よく理解でき、また、意識的に実相の顕現に進んでいくことができるのです。前記のように分けたのは、今ではすでに過去のものとなった象徴主義の教えの一部だったのです。

当時としては、必要な分類の仕方だったかもしれませんが、今では人類は、象徴主義を完全に卒業しているのです。およそ象徴のたぐいは、すべてすでに完了したのです。このように理解し、このように態度を持して、己れ自らが一者となるならば、そこから成道（完全化）は始まるのです。

25 すべては常に今ここにすでに備わっている

筆者はこれまで大きな仕事を成し遂げた人々と話してきましたが、結局、彼らはたいてい、「すべては常に今ここにすでに備わっている」という自覚をもって唯一心とともに働いていることが判りました。これこそが、彼らの基本態度でした。このような態度が著しい以上、いずれ、それは私たちの経済制度全体を改変せずにはいられないでしょう。

私たちが、もしこのような実相の心と完全に一体となりうるならば、理想と現実その他の食い違いなどは絶えてなくなるはずです。従って、エネルギーの浪費も九割以下に減るでしょう。このエネルギーはこれまで、自分に必要なものを、他から奪うことに蕩尽《とうじん》されてきましたが、もはや今では、より高き、より大いなる目的のために用いられつつあるのです。真に優れた人々は、ものを獲得するのに、外に求め、他の人から収奪することは、決してしないものです。真に優れた人々にとっては、すべての必要なものは、実相の世界に今ここにすでにすべて備わっているのであり、実相世界にあるすべては、自分に属するものであり、従って、自分に属するものは、使用勝手次第なのです。ゆえに、他から収奪する必要は全くなく、実相世界から無限に供給を汲《く》み出すだけなのです。

【講義指針】

1・2項　私たちの取り扱っている原理はすべて、ある明確な前提をもって始まります。この基本的な前提にあくまでも従って、初めてその上に何かを築き上げることができるのです。人間の生活が、見たところ蝕《むしば》まれているのは、人生の基本的事実を無視したからです。人生のこの基本的事実とは、すなわち、宇宙の全体制は一個の単一体であること、及び、人間はこの単一体の不可欠な構成部分であることです。人間はいかなる意味においても、決してこの全体から分離しているのではありません。この人間が、全体の中で正当な位置や権威を失ってしまったのは、自分自身を勝手に孤立した存在だ、と思い込んでいるからに過ぎません。

3・4項　二元感がいかにして生じたのかをここで明瞭に指摘し、ではそれをいかにして克服しうるかを学び取らせること。

5・6項　人の中身、人の人たる所以《ゆえん》が動き出すと、それはまず第一に「私」（I）という言葉、あるいは想い、あるいは念となります。「私」、すなわちその内容いかんを問わず、私の私たる所以のものの中に具現、あるいは包含されるものが「……である」（AM）という想念あるいは言葉です。従って、「私」は積極的な断言であり、「である」は限定、あるいは形容するものです。「私」は男性原理で、「である」は女性原理です。「である」と表現したとき、それはその包含するもの、あるいは包懐するものを生み出したのです。

従って、もし人が神霊の中にある至上のものを生み出そうというのであれば、「である」という包含力は不染〈汚れなきもの〉でなければなりません。「私」、すなわち神霊の中にある私なる所以のもの、真我即神我は、神の中にあるすべての至大・至高・至善・至美なるものを包含あるいは具現している、とするのがこの言葉群の本当の使い方です。「私はアレ〈神〉なる私である」（"I am THAT I am."）という聖言は、神の具現を意味するのです。実際、真の私は神霊の中にあるところのアレ（THAT）以外では決してありえません。誠に聖書にある通り、「私はアレ〈神〉なる私であり、私〈神〉の外にはなにものもありません」。

7・8項は、私たちがすべてを完全に調和させなければならないこと、及びそのことがいかに益をもたらすものかを示す機会です。私たち自身の我の思いや観念で、すべてを調和させることはもちろん不可能ですが、少なくとも、何かある一つのものが存在している以上、その中には全体を構成している要素が、何らかの程度含まれているはずだ、と認識することはできます。

このあるものを、全体との関係において見、すべてと調和させることによって、私たちは少なくとも自分の心の中に時折浮び上ってくる不調和を中和し、そうして自分自身を本来在るべき関係の中に保つのです。「神は不可思議なる方法をもって動き給う」と言われている通り、すべてのものが、いかにして宇宙目的と究極において調和して働くのか判らないにしても、神の性質上そうならざるを得ないのだ、と認めるには、何もそれほど想像をたくましくする必要はありません。

9項　宇宙の自然の秩序の中には、不調和なるものは存在しません。不調和はすべて、間違っているとか、あるべき位置から外れていると、私たちが勝手に思い込んでいることに対する、私たち自身の反応です。心を整え、物事を事実〔実相〕の中において、あるがままに観じない程度に応じて、私たちの心の中に不調和が生じてくるのです。不調和は外に実在するのではなく、私たちの心の中に、仮在するのです。

この不調和を防ぐには、すべての現象の背後にある霊的実在〔神〕と調和しなければなりません。米国における思想の混乱は、個々のアメリカ人の心の中の思想が混乱している象徴です。しかし、私たちが共通のゴールに向って進歩していくにつれてすべては調和していくでしょう。

10項は8項の説明。

11・12項は調和を確立する方法を明瞭に示しています。大成する人は、俗人の考え方や生き方に構うことなく、自らのなすべきことのみを考えるものです。

13・14・15項は霊的悟境に到達する近道を明確に示しています。この境地に達するには、多くの、かつまた、様々な艱難《かんなん》辛苦に打ち勝たなければならないとの考えを、永久に棄《す》ててしまわねばならないことを、学人は充分明らかに把握しなければなりません。世界の始まり以来、大悟徹底の光を得た教師たちすべてが啓示しているように、各学人は、自分の霊的身分、すなわち自らの霊的財産を受け容れなければなりません。この悟りの光明状態が、取りも直さず、前記の「打ち勝つ」ことです。

16・17項は、霊的事柄に関して、各個人や集団として瞑想することが、どんなに価値あるものであるかを指摘する好材料です。

18・19項は、13・14・15項に述べてある諸事実をさらに描写したもの。

20・21項は、調和をもたらす原理の説明。その例証を挙げれば、著しく有益です。

22項　学人は本項によって、一心集中とは、心が固定した状態、あるいは、何か特定の思想、考え、絵画あるいは対象物に心を集中させることである、という考え方から、永久に解放されなければなりません。一心集中とは、思考の中から何かを排除しようとすることではなく、逆に、心を拡大して、すべてを唯一者〔神〕の中に採り入れる状態のことなのです。すなわち、それは、すべてのものを根源者〔神〕に関連づける一つの工程なのです。

23・24項　いわゆる潜在心は、頭脳智に対して心が反応した像であって、この頭脳智が、人間を普遍心の自然の働きから絶縁してしまうのです。真直《まっす》ぐ流れている水流は、何らかの方法で妨げられない限り、渦を巻くことはありません。同様に、光明に満ちる想念の流れが妨げられない限り、潜在心はありえません。人が実在のままの生命の流れの中にあれば、ただ光り輝く実在意識があるのみです。

25項は示唆に富むものであって、教師が有する智識に応じて言い換えて詳しく説明することができます。

第4章

霊的能力を蘇らせる／新社会の発展を促す要因

ハワイ人たちの天性の感覚と能力

1

この社会再組織というテーマを採りあげるに当って、私たちはまずハワイと同地の実情から始めることにします。ハワイの現地人と私たちとの考え方には非常によく似たところがあります。経験に根差す考え方の場合は、特に当てはまります。例えば、誰かハワイ人を、大海原のどこでもよいので、ここと思う所へ連れ出して放っておいても、その人は方角を見失うことはありません。

2

ハワイ人たちがカヌーに乗ると、必ずカヌーごとに、まるで世界最良のコンパスでも備えているかのように、現在位置を知る者が少なくとも一人はいるものです。他の者たちは、ボートを漕《こ》ぐのに専念しますが、ボートを始終誘導するのは、彼の役目です。この能力を彼らは時代とともに伝えてきているのです。

ある時、一人のハワイ人を、彼が一度も行ったことのない大西洋に連れ出したことがありますが、その時の実験で、この方向感覚は、天性のものであることが判りました。私たちは、この男性を、航海法をまるで知らない水夫たちと一緒に、一隻のボートに乗り組ませたのですが、彼は数百キロも離れているヴェルデ岬諸島まで、水夫たちを見事に誘導したのでした。

ハワイ人たちは、難問題にぶつかっても、しばらく沈黙すると、すぐにその解決を見出すのです。彼らは、この特質を実に鮮やかに発揮しています。

3 理性に直感が加わって完全となる

アメリカ人の心に備わっている偉大な発明能力も、この感覚の働きです。ただ異なる点は、主として向けられる分野にあります。実は、私たちは皆、自分の自覚している以上に広範囲にわたって、知らず知らずの内にこの感覚を働かせているのです。私たちが自然に果しているこの機能の仕方を進んで知り、さらに一歩前進して、自己の完全な実相・神我と調和して意識的に働くようにするなら、私たちはあらゆる方向に大きな進歩を遂げるものです。

皆さんは、心の内部のある感じとか、虫の知らせとか、何とはなしに催してくる感じとかいったもので行動し、その理由を明らかにする理知の働きは後になってから判明した、といった経験はありませんか？　一方、そのような感じがやってきた時、まずそれを頭で考えに考えて解決しようとする人も多くいますが、彼らは結局考えることだけで終ってしまうものです。なぜなら、そのような場合はまず行動をした後でなければ、解決法などあるはずがないからです。それをして良いとか、なすべきであるとか、こうしたほうが良い等という感じは、この感官の第一の働きであって、じっと静かにしていると、さらに、様々な必要な智識が入ってきて、自分がなすべきことが、すべて明らかになるものです。その後で初めて、経過を明らかにする知的な説明や考え等が簡単に思い付くのです。

私たちが一般にいう理知心というのは、前にも立ったことのある見地の上を往来するだけであって、理性はもう一つの感覚、すなわち第六感を考慮しない限り、決して完全ではありません。新しい社会の秩序にしても、ちょうど発明家の思いつきのようにやってくるものです。それは言わば一閃《いっせん》の啓示であり、後で心がそれを統合して実行に移すのです。人間は、この新秩序が働き出した時に初めて、その何たるかを完全に描写できるのです。

理性とは描写するだけですが、この感官は理性を超えて見、理性を超えて行動するものであり、そうして、より大いなる理性への道を開くものです。

4 超意識を透徹する力を自覚しているハワイ人

しかし、これは多くの人々のいわゆる超意識の一面でもなく、潜在意識の一面でもなく、しかもそのどちらをも透徹する力です。ハワイ人は、それを完全に自覚しています。それは退行することによってもたらされ、彼らの中に宿り、彼らを通じて外に働き出るのです。

ハワイ人が、まだ交通機関もなく、島々を徒歩で歩き回っていた頃、彼らは自分を必要とする場所には、自然と引きつけられたものでした。そのような能力者が40~50名もいて、彼らが島を横断してみると、そこには困っている人々がいた事実を、私は度々目撃したことがあります。また、彼らの知人が島の向うからやって来る場合も度々ありましたが、そんな場合、道を間違うことなど決してなく、始終お互いに連繋を保っています。私は、そのことで彼らと問答したことがありますが、彼らは自分たちのこの能力を特別なこととは全く思っていません。また、彼らにしても、それが何か特別のものだとは思い込まされていないので、ただ純朴に従来通りやっているだけです。

5 なぜ直感を呼ぶのか？

もし島の片側の人々が、自分たちの利得ばかり考えていたなら、他の側の人々のことなど全く考えなかったでしょう。しかし、彼らは共通の利害でもって一体となり、周囲の人々の幸福のことを考えているのです。そのため、彼らは自分自身の居所以外の問題に対しても敏感になるのです。

彼らの同胞たちに、何らかのサポートを必要とする事態が起こると、彼らを一体化している共感という紐帯《ちゅうたい》を通して、その必要感が彼らに引き寄せられ、一グループの問題が、瞬間的に他のグループによって直感されるのです。自分本位や利己主義は、他の人類から自己を分離させ、孤立させるものであって、この分離感こそが、他の人々の困苦に無関心にさせ、社会機構のバランスを喪失させるのです。一グループには窮乏がますます積み重なっていくのに、他のグループはますます富み栄え、全社会機構が平衡を失うに至るのもこのためです。戦争や闘争が起るのもこのためです。

ここにある二つのグループがあって、お互いに、相手の必要とするものを満たそうと努力しながら、しかも互いに戦い合っているという姿を想像できますか？「自然は真空を嫌う」ものです。気圧に極端な差ができた時に、烈《はげ》しい嵐が起るように、戦争も、主として人間の状態が極端に達した時に起るのです。

6 沈黙してさえいれば、自分の行くべき場所が判る

ハワイ人たちのこの能力は、たいていは過去幾世かにわたる経験を淵源《えんげん》とする記憶なのですが、彼らはこの記憶を失ったことはありません。現在の彼ら自身とその前世との間には、何の隔壁もありません。彼らは、「私たちは、この場所にだけいつも住んでいたわけではありません。私たちは、この土地のあらゆる場所を何時もある一点から見ているのであって、その一点から離れたことはありません。ただじっと沈黙してさえいれば、自分の

いくべき場所が判るのです」と言っています。

7 人間と動物の直覚力の差

ある意味では、これは動物が頼っている本能と同じ能力ですが、人間は、動物より遥かに高次の存在ですから、その能力もまた、すべて動物のそれよりかなり広範に及んでいます。動物にとっては、それは本能ですが、人間の場合、その能力は極めて拡大されているのであって、それを直観と呼ぼうと、霊的判断力と呼ぼうと、その人の勝手です。動物には、ある限度までしかありませんが、人間はその限度を超えています。従って、人間は、これから自分のすることをすべて予見することができるのです。動物は前に通ったことのある土地を往復するだけですが、人間は同じ土地の往復に限らず、どこへでも行けるのです。

第六感を開発しない者は、自分の才能を破壊する

8

この能力が、動物をどの程度まで進歩させるか、正確なことは判断できませんが、人間の場合、これまであらゆる分野で進歩してきましたが、その進歩の道を舗装してくれたのは、第一にこの能力の働きであることは明らかです。

偉大なることを成就した人々と、依然として凡庸の境域にとどまっている人々との間には、ただ一つの差があるだけであり、それは、偉大な人々は、過去のことや、目的達成の途上にある障害や、アレコレのもっともらしい理屈や言い訳にはほとんど顧慮することなく、これから自分のなしうること、あるいは、なすべきことを専心熟考することです。

ところが、いろいろな障害を前にして、精神がちぢこまり、あるいは感情が鬱屈《うっくつ》して自己の真〔神〕性を発揮することなく、未発見のものを発見すべく、この感覚〔第六感〕を進展させようとしない者は、結局自分自身の才能を破壊するのであって、つまりは自分自身を制約という牢獄に終始幽閉しているのです。

しかしながら、牢獄とは、自分自身の性質の反動、反射にすぎないことに注意すべきです。天才とは、諸々の条件や環境の中を突進し、貫遂する力を永遠に拡大し、伸張し続ける者のことです。

9 超感覚はすべての人々に用いられるためにある

この超感覚を、限りない進歩のために用いる才能は、本来は誰にもあるのであって、決して特定の選ばれた人のみにあるのではありません。それは、すべての人々に用いられるためにあるのです。ポリネシア人を除けば、私たちの知っている限り、ハワイ人が、このことを最もよく自覚しています。ポリネシア人は、遥か4800キロもの波濤《はとう》を越えて、ハワイによくやって来ます。

生粋のハワイ人とポリネシア人はまた、生粋のコーカシア人でもあります。この直覚能力は、生粋のコーカシア人種に、もっとはっきり見られるようです。彼らが、この才能の存在を疑って、せっかくの自分の才能を埋没させたり、あるいは、自己限定をしてその発現を止めたりしなければ、その才能はますます拡大していくことでしょう。

10 アラスカでの実例

セオドア・ルーズベルトがアフリカで出会ったのも、この直感力でした。アラスカやシベリアでも、明らかに同様の現象があります。1950年、私がアムンゼンの救出に行った時のこと、雪上には、それらしい足跡一つありませんでした。しかし、現地人の村から50～60キロの所まで近づくと、なぜ判ったのか、村の人々がドヤドヤとやって来て私たちを迎え、私たちが引き連れている犬やそりの数とか、一行の様子や装備のあらましまで、言いあてたものでした。

11 超感覚を失いつつあるアメリカ人

アメリカ人に、この才能が欠落しているように思われるのは、彼らが文明の利器を持ち過ぎるからです。そのため、私たちアメリカ人は、次第にこの才能を失ってきて、今では自覚しなくなってしまいました。それにもかかわらず、潜在意識あるいは無意識層では、かなりこの才能に長《た》けており、たいていのアメリカ人は、その体験がありながらも、一般にそれを用いるのをためらったり、あるいはその話をするのを躊躇したりしているのです。

12 超感覚は人間の唯一の基礎

たいていのアメリカ人は、コレという裏付のない直感を示されると、「少しイカレテいるしるし」だと思うものです。こういった感情は、各人の天賦の才能、また、何事にせよ、何らかの程度に熟達するのに最も重要な手段であるものに対する無智の結果からくるものです。そのような人が進歩しないのは、自分自身と自分の才能に疑いを持っているからです。

「もし、あなた方が信じて疑わなければ、何事もあなた方にとって不可能なものはないであろう」、とイエスは言いました。この才能は、健全な理性にとって、第一に必要欠くべからざるものです。人間が知的に考察していく場合、唯一の基礎として頼っている超感覚以外の他の思考過程は、本当は二義的なものなのです。偉大なる事業は、理屈を超えた境域から成し遂げられたのであって、理屈は後からついてくるものです。まず、諸々の限定を突き破って徹見し、未だ現れ出てはいないものの、完全に実現可能なヴィジョンを捉え、然る後に、論理を構成して初めて健全な論理は生まれるのです。聖書は、「信仰に知識を加えよ」と語っているのに、私たちはたいていまず人間の智恵を働かせて、事物を客観的に知り尽してから信念を得ようとしている有様です。

13 他者ではなく、自分自身に頼れ

また、私たちは、自分で考えようとはしないで、他の人々に私たちのために考えてもらっています。私たちはすべて他者に考え出してもらい、形づけてもらい、その結果出来上ったものに頼っているのです。従って、造り出すほうの人は、ますます有能となり、頼るほうはますます従属的になるのです。

エマーソンはかつて、「私たちは片手で得たものを片手で失う」と言ったことがありますが、それはこのことだったのです。時計を持っているのに、時刻を告げる能力を失ったようなものです。自分自身以外の何者かに頼って自己自身の実相開顕を怠るのは、自分自身の天性を弱めることです。

直観力から理論を割り出した古代カルデア人

14

カルデアの天文学者たちは、天文に関するその智識を直観力――すなわち事実に直到する精神力――によって得たのです。彼らは、完全にこの直観力に頼り、そこからすべての理論を割り出したのです。これらの古代カルデア人の才能は、今なおその歴史のなかに、脈々として生き続け、その影響は、今日に至るまで存続しています。私たちもまた、この才能を欲するのであれば、それと一体にならなければなりません。すなわち、自分にもその才能があり　自分とはすなわちその才能そのものであると知らなければならないのであり、それがすべてなのです。

「魂の目」で「アカシック・レコード」を読む

15

これが、神秘主義者たちの、いわゆる「魂の目」です。この魂の目によって、人々は「アカシック・レコード」を読んできたのであり、今後もまた、読み続けるのです。私たちもまた、それを通じて、遠い所で起っていることを秒速約29万キロの光速度で見たり、将来の出来事を透視したりできるのです。

この直観は、地震やその他の難局の際に、突然やって来ることがあります。これがすなわち、「来たりつつある事件が、事前にその影を射す」、ということです。すべてのものはまず上層界で起り、その後に、その反映がここ下界で起きることになっているのです。それは、意識そのものが、肉体をまとって下生するまでの間のデヴァチャン（Devachan）期に働くものです。いわば、神殿の門にあるガーゴイルの二つの顔のようなもので、転変する現象界を見ては、神殿すなわち人間の存在の中に、迷妄という制約を入場させ、宇宙霊界を見ては、大悟徹底の自由と力を入場させるのです。

16 差し迫っている事柄に波長を合わせ、事件を防ぐ

ハワイ人たちは、生まれつき優れた洞察力を備え、預言や予知をしたりします。彼らの中には、あるグループがあって、一緒に集っては、差し迫っている事柄に波長を合わせます。それが、ためにならないものであれば、それを他のグループに回し、回されたほうの

グループは、それを防ぐ働きをします。そのお蔭で、その事件は実現せずに済むのです。

17

私たちがハワイ人たちとつき合ってみたところでは、事前に預言されていた凶事の防止に失敗したためしは、一度もありませんでした。外国からの侵略も、こうして防いだことがたくさんあるそうです。このような防衛にたずさわる人たちが、地上にある線を一本引くと、もう敵はそれを越えることができないそうで、こういう類のことが、彼らの伝説には数多く出てきます。時には敵が海岸への上陸すらできなかったこともあるそうです。

インディアンの超能力

18

以前、カーネギー協会で、アリゾナにいる一群のインディアンたちの超能力について実験をしたことがありますが、彼らがある線を一本引くと、愛の心にならぬ限り何人もそれを越えることはできませんでした。２名の人が、無理にそれを越えようとしたところ、二人とも命を失ってしまったそうです。

19　「預言は話されても、外れるであろう」

よく悟っていない人たちは、預言されたことは、回避できないもの、いったん起きると決まった以上は、必ず起らなければならない、といった間違った考え方をしています。しかし、「預言は話されても、外れるであろう」とは聖書の言葉です。預言はたいてい、直接に地球に接し、それを取り巻いている精神層からやって来るものであって、実は人間自身の制約された物の考え方の投影なのです。

人間の覚知力がこの分野に向けられると、この精神波の傾向や精神界で起りそうなことを感じ取ることはありますが、その界層は偽りの千言の境域に属するものであって、すべて取り消しうるものです。聖書は、人々の注意を神から逸《そ》らせる偽りの預言に対して、警告を発しています。この超感覚を宇宙霊の層に向けて、宇宙律の動きを把握した結果が真の預言なのです。個人や民族の心の中に、宇宙法則に反するものが堆積すると、宇宙法則は直ちにそれらすべてを消してしまいます。それはちょうど、闇が光によって消散させられるように、直ちに消えてしまいます。

太陽は夜を消し、一本のロウソクは室内の闇を蹴散らす。なぜなら、その大小のいかんにかかわらず、光は周囲の闇に対し、その大小を問わず、無限の力を発揮するからです。ただ一人でも、些少《さしょう》の悟りがあれば、彼を取り巻く否定、虚妄の千言、限定を消散することができるのです。なぜならこのようなものは、それ自体の中には、何らの力も有しない朧《おぼろ》な影にすぎないからです。

従って、私たちは、破壊や災害などの預言を、決して受け容れてはなりません。大霊界をじっと見ていれば、そのようなものは、消えてしまうものです。

20 黒魔術をなしうる者は自己破滅あるのみ

ハワイ請島には、黒魔術を持って日本からやって来たグループがいました。彼らは、人を祈り殺すことができると称していましたが、今では生存していません。ところが、黒魔術をなしうる前に、すなわち反キリスト者となる前に、人はまずキリスト意識の力に精通しなければなりません。結局は、キリストの力を得て、それを誤用するのです。そのような呪術の結果は自己破滅あるのみです。黒魔術の霊修に耽った者は、破滅するとともに、その術もまた、亡びるのです。

21

あなたの心身は、あなた自身の発する命令に従う王国

自己を破滅させる方法の中で、一番手っ取り早いものではないにしても、最も苦痛にみちたものは、霊的智識の悪用です。他人を陥れるため、あるいは他人を支配するため、もしくは他人に打ち勝つために、霊的智識を悪用したくなる人は、万一悪用したが最後、自分の心や口から出る強力な思念は、まず自分自身の心身を貫き、やがて自己の心身内における強力な命令となって、相手に対して目論《もくろ》んでいたことを、自分自身の上に生じさせることを銘記すべきです。

「天国は汝らの中にあり」と、キリストが言ったのは、このことなのでした。**あなたの心身は、あなた自身の発する命令に従う王国なのです。その命令を他者が受け容れるかどうかは、命令を発する当の本人にとってはほとんど問題にはならないのであって、それはまず、本人自身の王国〔心身〕の中で受け取られ、それに基づく行動が起され、結局本人の王国〔心身〕内で完全に命令通りの結果が間違いなく出来上ってしまうのです。**人の内なる王国は、彼が天界、すなわち、地上のあらゆる人々の幸福と進歩を促進させるために、すべて大調和の裡に働いている大霊からの命令を出す時にのみ、天国となるのです。その善悪のいかんにかかわらず、「贈り物は実は贈り主に対するものであって、結局贈り主に戻る」のです。「与えた通りのものを受け取る」のです。

22 リシ〔聖仙〕やヘブライ民族の力

インドのある宗団のリシ〔聖仙〕たちは、まさに発生しようとする事件を覚知することができます。それが凶事の場合は直ちに別のグループのリシ〔聖仙〕たちがその処理を引き受け、その事件を未然に食い止めるのです。かつてのヘブライ民族たちもそうでした。

彼らは同様の方法で、同族間の戦争を幾つも防ぎました。

23 一般に知られない事件防止の奉仕団体

現在でも、同様の方法を用いて、いろいろな事件を防止している人たちがたくさんいて、ただの一度も事件を発生させずに済んだ人々もたくさんいます。私たちも、合衆国内で700名以上から成るあるグループに仲間入りし、いろいろな事件を決定的に防止する努力をしましたが、3年間も一緒に仕事をして、ただの一度も事件を発生させたことはありませんでした。このグループはその後人員が増え、今では約4000人になっていますが、彼らは黙々と奉仕し、一般人に知られてはいません。

直覚力を共通の善のために用いよ

24

人々は、なぜ何らかの善なる目的のために自分の心身の全力を注がないのでしょうか？　実相世界においては、すべてがすべての完全福利のために大調和裡に働いていますが、自分の直覚力（その他何と名称をつけても構いません）を、この実相世界において働かしつづけるならば、他のすべての人々の心の中に、それに対応する動きがおのずと生じてくるものです。人の本性は、元来はすべてのもののためになる方向へ働いている力〔神〕に従って働くものです。従って、お互いのためになること以外のことは言うこともなすこともできないはずです。換言すれば、偉大なる法則に従えば、人々の間の争いなどありえません。戦争も事件も、その他人間の心に巣食い、不幸を醸し出すものは、すべてありえません。

25

前記の能力は、様々な用途に向けることができます。例えば復員軍人のド・ジョンの場合ですが、彼はサンフランシスコのレタマン病院で治療を受け、盲目になりましたが、高度の霊力を得、今ではサンフランシスコとロサンゼルスの街なかを、自動車を乗り回して、その力を実証しています。実は、この青年には、以前からすでに、この特殊能力が開けていたのですが、それが突然後になって目覚めたわけです。このようなケースはよくあるものです。

26 超能力を自分自身で磨いていく

多くの事例が証明しているように、私たちがこの特殊能力を目覚めさせることができるということは、実はそれはすでに今、ここにある、言い換えれば、それは初めから本人に備わっていたのであって、この点が重要なところです。初めからすでにあるのであれば、私たちはそのことをよく理解し、正しく働くように仕向け、目覚めさせることができるはずです。もし、私たち自身もまた、大師の域に達したいというのであれば、このことをよくわきまえて、自分の中に潜在している諸々の善き可能性を見出すように、智慧をもって進むべきであり、しかもそのことは、他の誰かに代ってやってもらえるものではなく、自分自身でやり遂げるほかありません。

開発のカギは感情の完全な統制にある

27
従って、そのためには、心の統制よりも、特に感情の完全な統制が必要になってきます。すなわち一点への集中ができるようにならなければなりません。私たちの中にある様々な力が集中されると、それが積極的な働きをします。イエスは「一点集中こそ神である」と言いました。

28
社会再組織の問題も、結局はより深い覚知力に集約されるのです。人はこの能力の開発法を学ばなければなりません。それが、すなわち社会再組織につながるのです。言い換えれば、お互いに的確なタイミングで的確なことを仕合うようになるのです。それには、常に自分は正しい行動をなすという考えを持ち続けることです。そうしていると、やがて自分のなすこと、ことごとく自ら時に適《かな》い、理に適っている状態に到達するのです。これが、将来の社会機能の本質です。

【講義指針】

本課程は、この変転の時代を経て、新社会の発展を促す要因について論じます。その要因によって、人々は過去の知的基準や物的価値に頼るよりむしろ、出来事の霊的動向を理解するという、人間の原始的能力に立ち戻るようになります。私たちがこれまでやってきたことは、ある意味では、この霊的能力を鈍らせてきました。しかし、私たちが今後宇宙法則の動きに同調しようというのであれば、この霊的能力を蘇《よみがえ》らさなければなりません。

1・2項は、いわゆる原始種族が、ある点では、私たちよりも優れた感覚を持っていて、ある方法で、私たちよりも優れた意思の疎通をすることを示します。

3項 私たちの場合には、この特殊能力が、いかなる分野で一番明瞭に機能するか、また、私たちの諸々の可能性や機会を最もよく活用するには、霊的な面に従ってそれを拡張しなければならないことを示します。

4・5項 この能力は、様々に名前がつけられるでしょうが、神秘科学では、「透徹感」、すなわち心を新しい分野に導く能力と言われています。この超感覚を、最高の目的に向けるなら、かつて人々が、天才が活躍した発明分野に導かれたように、今日の私たちを、間違いなく霊的価値の分野に導き入れてくれるでしょう。

6・7・8項は読んで字のごとし。教師の持っている智識に応じて言い換えて詳しく説明することが可能。

9・10・11項　人間の心が、あまりに結果の世界にかかずり合いすぎるために、いかにこの直感力が曇らされるものであるか、しかしまた、根本因〔神〕の領域に向け直すことによって、いかにそれが明澄となるかを示すには好題材です。

12項　読んで字のごとくですが、敷衍《ふえん》のチャンスに富む。**13項**も同様の方法で扱うとよい。

14項は1・2項と同様の範疇《はんちゅう》に入ります。

15・16項は、この能力の可能性や、それが通常の働きをする分野を、ある程度明らかにしています。この能力の何たるかを、もっと説明することもできるでしょう。この能力の一番単純な形は、昨日自分のやったはずのことを振り返ってみたり、明日なしたいと思うことを考えたりする心の一面で、つまりは注意の単純な働きです。この注意を形に向けると、構成要素の複雑な結合を見出すだけですが、霊の中に向けると、霊的実在の世界に拡大していくのです。

17項は、この能力を使用した場合になしうることを若干示しています。本項は、さらにずっと詳細に述べることができ、学習者がその中にある忠告によく留意するなら、非常に役立たせることができます。**18項**はこのことに関連して取り扱えるでしょう。

19項　本項で特に明らかにすべき要点は、預言なるものが、精神界層や物質界層の出来事に立脚する時は正確ではない、ということです。なるほど精神界でしっかりとお膳立てされたものは、霊的権威が直接発動して取り消すのでない限り、物質界に現れ出ることはあります。しかし、真の預言は、霊的な動きを見つけ出し、それを権威をもって活用することによって生じる建設的な結果を明らかにすることです。

20項　霊的力を誤用することが愚行であることは、誰にとっても自明でなければなりませんが、それは自己破壊の手段でもあることを、各人の心にはっきりと印象づけなければなりません。多くの形而上サークルの間にきざしつつある、他人の心に影響を与え、他者の意志を従わせる風潮は、黒魔術の胚芽形態であり、混乱に導くのみです。

21項　20項に関連づけて取り扱うこと。

22・23項　19項と同様に取り扱い、指導者の指導に従って展開すること。

24項は自明ですが、事物の新秩序を導入するに際して、本当の協力の基礎になるものが実際には何であるかを示す機会です。霊的向上を志す者の行為の動機は、聖者、罪人、束縛された者、自由な者のいかんを問わず、等しく万人のために働き給う普遍的動因〔神〕に調和しているものです。動機・動因が共通なるが故に、いかなる不調和も争いも、まして戦争もありえません。この宇宙は斉一です。「同一物に対して等しいものは、相互にまた等しい」という真理がその基礎です。

25・26項　未だかつて、何人も、いわゆる異常な力を無より開発したり顕現したりした者はいません。実は、この力は、初めから私たちの中に在ったのです。自分自身の魂の限界を知りたければ、自分自身の潜在能力の開発に当ることです。本項は以上の事実を各人に印象づけるよい機会です。

27項　自己統制がいかに必要であるかを述べるには、本書全巻をこれに充ててもよいほどです。機械の組み合わせとエネルギーの充用が、機械力の発生に重要であるように、自己を統制することは人の力の増大と進歩にとっても重要です。この自己統制なくしては、いかなる分野にせよ、建設的な目的を果す上で、実際に役立つ力は出てきません。

28項　教師の能力に応じて言い換えて詳しく説明することができます。

第5章

言葉の力／言葉の起源とパワーの根本的秘密

力ある言葉を選びなさい

1

語られる言葉は、非常にパワフルなものです。ただ、明白なことが一つあります。すなわち、私たちは言葉を吟味し、その言葉に力を与えなければならない、ということです。消極的な言葉は、私たちがその言葉を選び、力を与えない限りは、何のパワーもないのです。消極的な言葉自体には力はありません。力は、それを話す人によって与えられるのです。東洋哲学が示す通り、言葉以前の想念がなお一層重要であることは、いうまでもありません。従って、想念は言葉の背後における動力ともなるので、そのことによって力が加わり、大師方の言われる通りに、そのような言葉が発せられると、それは創造せざるをえません。

2

漫然と、言い換えれば、想念のパワーが加わっていない言葉を発しても、それは何の足しにもなりません。しかし、言葉をよく吟味し、想念によってパワーを与えると、それは目的を達せずにはいられないものです。大師方が、言葉はよく選ばなければならないと言われるのも、また、言葉は何時も強制するパワーがあると言われるのも、この道理によるものです。

3

成就を目的とする言葉の背後に注ぐべきパワーとは、私たち自身の悟りというエネルギーのことです。大師方の言われるように、それは言葉を発する時に出す生理的なエネルギーではなく、その言葉の内容を成就しようとするエネルギーであり、それが悟りから発するのです。

言霊《ことだま》——霊が言葉に働きかける

4

イエスは「わたしの言葉は霊であり、生命であり、言葉を発した目的のものを実現成就する」と言われました。霊は宇宙における創造因です。私たちの言葉はその背後にこの霊が働いて初めて力を発揮するのです。種子が生長するのは、その中にある自然の力が発動するからです。なぜなら、種子自身の中には、力はないからです。種子自体は自然力の容器、または手段にすぎません。言葉もまた同様です。

聖書は、「言葉は種子である」と言っています。自然が種子に働きかけるように、霊が言葉に働きかけます。言葉の力の焦点は、私たちの意識、すなわち自分が大霊であるという自覚です。漫然とした言葉は、ある意味で催眠状態を増すことはあるにしても、元々は無力なのですから、それ自体としては何ものをも創造しません。

消極的な言葉〔病・不幸・罪等に関連する言葉〕を聞いて、それに恐怖すると、その催眠的なエネルギーを増大させ、その影響力を増大させることになります。無智から発せられる言葉、あるいは漫然と出される言葉には、人の心を催眠状態に陥れる力はあっても、創造因自体を変更しうるものでは決してありません。

消極的な言葉に力があると思うのは、悪魔という古臭い考えを現代化したようなものであって、実存するのは神の力だけである、という事実に全く反するものです。宇宙の流れの中には、究極の善に反するような力はないのです。反するように見えるものは、私たちの心の中にだけ仮在するのであって、それは、私たちの心が、時として神の目的に背く働きをするからです。宇宙の創造の趨勢《すうせい》、すなわち神の意志と目的は、あたかも光が闇を溶かすように、無智を溶かしてしまいます。

5 発した言葉が実現するまでには時間は要らない

私たちは、あの方々——ここでいう「あの方々」とは常に大師方のことを指しますが、何かある言葉を発すると、たちまちにしてその言葉どおりに実現するのを見てきました。発せられた言葉が実現するまでには、何ら時間の要素〔経過〕は要りませんでした。事実、言葉の中にエネルギー、すなわち霊が実存するならば、実現するまでの時間という要素など入り込みようがありません。

大師方がいう通り、言葉の背後に真摯な思念をこめて発すれば、その力が原動力となって言葉の意味する状態が瞬間的に創造されます。明らかに、西洋では言葉をそれほど強力なものとはみなしていません。従って、何かある言葉を語りはしても、その背後にエネルギーが伴わないので、言葉が持つべき力を全く失ってしまうのです。西洋人同士の話がとかく子供のような空談に流れがちなのはこのせいであって、言葉にふさわしい価値を付加することができないからです。

6 言葉には力のある想念を与える

言葉には、妥当な選択力、すなわち本音の力のある想念を与えるべきです。しかしそれは、我の意志、あるいは我力だけで言葉を使いまくるためではなく、言葉本来の力を与えるためです。その力とは、もちろん霊の力であり、それは高度に選択された想念、宇宙の創造目的に感応した想念によってのみ、言葉の中に入ってくるものです。

そういうわけで、言葉は指揮能力を持つ意志によって発せられるのですが、言葉に力を与えるのは意志ではなく、意志は想念を選択する、すなわち想念の選択に参与するだけです。しかし、力そのものは、霊の存在と霊の力に対する拡大した意識によって付加あるいは認許されるのです。ある一つの言葉の意味や用途をよく考えて選ぶようにするなら、その使用頻度の選択も、用いるべき人・時・場所にも、おのずと相応するようになるのです。

7 人間の言葉は、その人自身の霊性の出口

このことが判れば、消極的な言葉に対して多くの人々が抱いている恐怖はなくなり、それと同時に、言葉というものをもっと智慧を働かせて選び、また、もっと善い使い方をしなければならない、と思うようになるでしょう。その際、「神に倣《なら》いて神の思いを思う」ことが、言霊の力の真髄となるでしょう。なぜなら、そのような言葉の背後には実に天地を創造した力が存在するからです。

人間の言葉は、常に彼自身の本然《ほんねん》の霊性の出口であり、かつ、この霊性が、その外被である存在、すなわち心・肉体・環境等に揺るぎなく顕現し続ける手段でなければなりません。至高至大の建設的理想にのみ波調を合わせて語ることが、最大の力を発揮して語ることであり、このように語る時、最もありうべからざることが、最もありうべきものとなるのです。言い換えれば、想念や理解の仕方や意識が、神に似れば似るほど、その中に含まれる力は増大するのです。

8

東洋の哲人たちが教えるように、よく選ばれた言葉を使うようにしていると、微塵《みじん》も原理〔神〕から離れることはありえなくなり、従ってまた、口から出る言葉はすべて、ますます選びぬかれたものとなり、もはや消極的状態〔病・不幸・恐怖・嫉妬等〕にエネルギーを与える愚を犯さなくなり、ただ善美なる終極目標の実現にのみエネルギーを与えるようになるのです。

創造を可能にする条件

9

インド人、つまりアーリア民族は、以上の消息を、常に次のように言い表わしています、「人間は言葉の創造主である。故に人間は言葉の選び主であり、言葉の主権者である。彼は言葉を選ぶ、すなわち、働く言葉、言い換えれば強力となる言葉を出現させる」。従って、彼らがこの事実を正しく適用する限り、彼ら流に言えば、消極的力と消極的言葉には、つながりようがありません。

それ故、形としての実現を望んでいるのに、消極的な言葉が心に入り込んだり、思考されたりすることはないのです。何か善いことの実現を望んでいながら、心の中には消極的な言葉が入り込んだり、あるいは、消極的な言葉を思いつくことはなくなります。この、**実現したいと思う事物の形をハッキリと念ずることが、創造を可能にする条件を出現させるのです**。これがすなわち、人間がすべて口より出した言葉に主権を有する所以です。サンスクリット語は、一面として、この条件を満たしており、そこに、事物を具象化する力があるのです。どういうことかと言うと、サンスクリット語は、ある一つの位置に四つの肯定的言葉、もしくは主張のみが入りうるのです。すなわち、言葉は肯定的な主張とすることができ、そこから逸脱しないのです。

10 常に最高の言葉で、積極的表現をすればよい

すると、当然誰もが、ではその四つの積極的な言葉とは何か？　と聞くでしょう。それは実相の積極的宣言を意味する言葉です。実相のどの面を宣言するかは、人それぞれ異な

ります。もちろん、最も強力な言葉は最初《いやさき》の言葉、すなわち、神です。この原理〔神〕に遡っていくなら、それを基礎にして、自分の言いたいことを決めればよいのであって、文章であれば、その言葉に基づいて望むところの積極的な文章とすればよいのです。

この時こそ、発せられる言葉に大いなる力が付随するのです。常に最高の言葉、すなわち、神こそが、あなたの基本的言葉でなければなりません。その後に、それに続く言葉を選びつつ積極的表現をすればよいのです。

11 人が発する言葉そのものが、その人の活動する領域を作り出す

ちょうどすべての数学の計算が数字の1に象徴される単位（Unit）から始まるように、すべての言葉はただ一つの派生語、すなわち原理から生じるべきものです。例えば、「神は〇〇である」、「神は〇〇であるから、私は同じく〇〇である」という式です。神は生命であるから私は生命である。神は智慧であるから私は智慧である。神は力であるから、私は力である。神は本質そのものであるから、私は本質である、等々。サンスクリットでの

父という言葉は、「第一の動かす者」という意味ですが、そのように、各人の心の第一の動きは、常に唯一根源〔神〕から発現すべきであり、発現したものは、常に各人の意識の中にしっかりと定着し通さなければなりません。

神の性質の中に根差さないものを、各人の意識の中に入れておくことは、その人の内部における生命の過程の質を低下させることであり、従って、その分だけ彼は自分の完全な神性に盲目となるのです。人は、生命の根本事実そのものに専念しなければなりません。つまり、人はエルサレム（全きものとの接触）に留まり、聖なるもの、すなわち神の全霊が、自らのあらゆる想念・言葉・行為の原動力となるようにしなくてはならないのです。

12

人は、幾分でも顕在力を伴う言葉や想念を、自らの能力の領域外に発することはできません。人が発する言葉そのものがその人の活動する領域を作り出すため、この領域の外に出ることはできないのです。

言葉に力を与えるもの

13

普通の人は、言葉の何たるかを本当には判っていません。それは、心のある過程を伝え、または届けるために使用される手段に他なりません。言葉は心にないものを伝えることはできません。ウェブスター辞典には、「『名前』はものの『本質』を現わす」とあります。言葉は意識のある状態を名づけるだけであって、その効果は、その言葉を用いる本人のいかんによるものです。

例えば、誰かがただ「私は嬉しい」と言っただけでは、聞く相手には何も伝わらないでしょう。本人が少し楽しいというだけなら、彼の言葉には、相手をなるほどと思わせる力はほとんどないでしょう。しかし、輝くばかりの歓びに満ちていれば、その言葉は相手に、なるほどと充分に肯《うなず》かせるだけの力があるでしょう。このようにして、いい加減な言葉は空虚なる言葉、すなわち実相の自覚や把握を欠いた言葉です。故に、言葉とはその中身のことであり、中身は言葉を用いる者の意識によって決まり、意識はまた、言葉をどの程度まで智慧をもって選ぶかによって決まるのです。

言葉が自分自身の中に定着すれば、繰り返す必要はない

14

言葉の効果をあげるのは、繰り返しではありません。真実であれば、初めの一回だけで充分なのです。効果をあげる方法としては、自分の言ったことを守り、自分の言葉に忠実であり続ける他には、別になすべきことはありません。もっとも繰り返しは、話の中にある可能性に波調を合せる意味で、効果的方法である場合もあるにはあります。人は、言われていることの意味が、ハッキリと呑み込めるようになるまで、その一句や規則を、よく繰り返したりするものですが、意識が拡大して我が内なる実相（神我の完全なる相）を、ハッキリと把握しない限り、繰り返しは催眠的効果に終るだけです。

15

人がある言葉を繰り返しても、当の本人に催眠的影響を与えなければ、繰り返しによって、むしろその言葉の背後にある実相への同調を進められる場合もあり、従って、実相は、より高き把握をもたらすものとなります。つまり、ある点までは、言葉を繰り返す価値は

ありますが、言葉が自分自身の中に定着してしまえば、すなわち自分が言葉通りの者になってしまえば、もはや繰り返しの必要はなくなるのであって、自分が言った言葉が明らかに定着したと判れば、もう繰り返しには何の価値もないわけです。実相においては、実は私たちの発する言葉は、初めから定着しているのであって、決して繰り返さなければ実にならないというようなものではありません。

16 すでに実現したものとして感謝する

せっかく発した言葉が効果を現わさなくても、それが直ちに無効という証拠にはなりません。そのような場合のよい方法は、効果はすでに現れたと観じて感謝することです。そうすれば、疑いから完全に抜け出すことができます。そういうわけで、漠然と同じ言葉を繰り返していると、すぐに疑い始めるものです。しかし、感謝していると心もその気になり、その言葉通りになっているという確信を覚えるものです。

17

言葉をただ繰り返しただけで、その中身がしっかりと自分のものになるわけではありません。それはただ、実在すなわち自己の実相に波調を合せてくれるだけであって、まだ本当に、実相即我也の自覚にはなっていません。言葉の中身がすでに、今、ここに在り、実相の世界においてすでに実現していたのだと悟り、そのことに感謝して初めて、より大いなる調和の世界に入ることができるのです。

すでに在るものを、心の目を開いて観る

18

何かあることがハッキリした形で現れるということは、今までなかったものを、何とかして現わして見せようとすることではなく、実は実相の中に初めからすでにあったものを、心の目を開いて観ずること、あるいは摂取することなのです。それが判ってしまえば、事は極めて簡単です。「汝の観る土地、其《そ》を我は汝に遺産として与えん」。この聖言にすべての神秘が含まれています。

その神秘とは、すべての善きものは、大霊〔神及び神我〕の中にすでに事実として実存していること、至る所に、いわゆるあらゆる界層にすでに実存している、ということです。なぜなら、界層といっても実は、ただ一つすなわち神霊の界層があるのみだからです。心が拡大して既成の霊的事実〔実相〕を見る、あるいは、把握するようになれば、それが現象界においても事実となって具体化するしないは、もはや何ら問題とはならなくなります。というのは、神はすべてである以上、神の中において然りである以上、至る所において、然りだからです。従って、結局すべては私たちの側における自覚の問題であって、私たちの自覚が既成の霊的事実（実相）を摂取するところまで拡大しなければなりません。

19

これが、イエスのみ業のやり方でした。イエスにあっては、あらゆる言葉が揺ぎなき信念によって裏打ちされていました。言葉の中身がすでに実相において実現していると承知しているため、イエスはその高揚した自覚によって、言葉の価値や権威などまで高揚されたのでした。

インド人の立場もまた、イエスと同じです。インド人が、何かあることを話す場合、

「それはもう完結しました」と言うことがあります。彼は、それがすでに念の世界、霊の世界では完結して、すでに実存し、すでに彼のものとなっている、という態度を整え、その後に事を進めて行くのです。そのようなやり方でいけば、振り出しに戻っては、思念や計画、交渉を繰り返すよりも、遥かに多くのことが成し遂げられるものです。従ってまた、その人の力はますます強くなっていくでしょう。

20

健康、病気という私たちの考えは、宇宙の根底に確立している「完全」ではない

いわゆる病気にしても、それを取り扱う場合、たいていの形而上学者は、初めから病気と健康とを相対立させせて扱うという間違いを犯しています。このような場合、ある特定の状態〈病気〉と、それに取って代るべき別の状態〈健康〉という二つの状態を認めているわけです。

しかし、東洋では、イエスと同じように、そのようなやり方はしません。**完全を求める**

のなら、「すでに自分が完全である」と悟ることです。完全のほうを高く掲げることです。健康と病気という相互に相反するものとは無関係に、絶対的なる完全さが初めから実存している、ということなのです。

「完全」は永久不変の原理であり、永遠に確固たる既成事実なのであって、あらゆる界層を通じて何ものの力をも借りることなく、完全なのです。東洋哲学に従えば、健康といい病気といい、いずれも相対的であって、妄想なのです。なぜならそれは人間がつくりあげた迷想に過ぎないからです。

例えば人は、今の自分の健康についての考えも、五年後には満足しなくなるでしょう。しかし、実在には、相対的なものは何一つありません。すべてが完成し、すべてが完全です。従って、本当の治療家は、自分及び他人を実在と観ずるだけであって、病人あるいは病気という迷妄を処置するのではありません。

相対立するもの（善悪・幸不幸・美醜・健康病気等々）を捨て切って、その代り「完全」を立てるのです。イエスは、どんな場合にも、相反するものを取り扱ったことはありませんでした。イエスは相反するものの代りに、完全を立てたのです。イエスの言ったことは、常に「完全なるもの」であり、その「完全なるもの」の中に、イエスは常在していたのです。

21

わたしがもし、黒板の上に2プラス2は3と書き、また続けて2プラス2は5と書いた場合、あなた方は、その3と5に取り組んで、何とかしてその中から正しい答えを出そうと努力しますか？　否です。あなた方はそのような間違った数字なんか相手にしないで、2プラス2は4という真実だけを扱うはずです。そうして初めて、この二つの誤りは消えるわけです。正しい答えより少ない数字でも多い数字でも、真正なる原理とは、何らの関係はないのであって、何らかの正しい答えが可能なのは、真正なる原理がその時々の事態に適用されるからなのです。

健康、病気という私たちの考えはいずれも、宇宙の根底に確立している「完全」ではありません。そして、完全でないものを完全にすることは決してできないのです。あなた方は、これら両極の考えのいずれとも関係のないものを扱うのです。「天にましますあなた方の父なる神が完全であるように、あなた方も完全であれ」という聖言が、行為の正しい基準なのです。

22

たいていの人々は、完全なる状態（健康・幸福・歓び・光など）を一応口にはしますが、すぐにまた反対状態（病気・不幸・悲しみ・闇など）を振り返るために、「完全」が現実の証拠となって現れてはきません。「あなた方の目が一つになれば、あなた方の身体は光で満たされるだろう」という聖言の通りです。

ロトの妻は後ろを振り返って見たために、その身体が石か塩に変ってしまったではありませんか。「故に今後は、永久に完全のみを見なさい」と、イエスは言われました。私たちが「完全のみ」を観る習慣がしっかりと出来上った瞬間に、内在のキリスト〈実相たる神我〉が、厳然として立ち現れるのです。一方が確立されれば、それにつれて他方も確立されるものです。なぜなら、神我の中の、既成の真実〈実相〉が、形となって現れたからです。

低い次元の相対立するものを基礎とするからこそ病気になる

23 本当の霊的治療の効果は、何も治療される相手の開悟や霊的発達の程度等にはよらないのであって、指導する側は本人の意識状態を思い煩う必要はありません。なぜなら、本人の意識は低い次元の相対立するものを基礎としているからです。だからこそ病気もするのです。しかし、霊的既成真実〔健康・幸福・富・成功等々〕は、実相の世界において、すでに実在するのです。私たちが、完全なるものの中に入った瞬間、私たちの意識もまた、完全になるのです。

真理の言葉と催眠術の違い

24 神の言葉を語るのは、決して催眠術ではありません。なぜなら、それこそが、創造行為すべての本質の中核だからです。治療、すなわち真理の言葉を語ることは、病を覆すために健康の念を投じることではなく、そのような行為は催眠術にすぎません。言葉を語るとは真理を語り、真理が、過去・現在・未来を通じて常に真実であり、そのことはまたいかなる個人・状態あるいは環境に対してもまた真実であることを宣明することに他なりません。

人間の意志は完全を志向する

25

病人や困っている人にしても、実は、例えばあなたに対して援助を求める必要もないし、また本人にしても、他人のあなたから真理の言葉を送られていると意識する必要もありません。真理の言葉を「内なるキリストの正しき光条」（the Christ Right Ray）に乗せて送れば、彼自身の中にないものをことさらに付与したのではなく、本有《ほんぬ》（元々備わっている）の彼自身の完全なる像を彼に提示したことになるのです。

こうしてあなたは、あなた自身と彼とをともに解放したのです。なぜなら、あなたは事実以外の何ものも扱ってはいないからです。あらゆる人の本来の意志は完全を志向するため、あなたが完全とともに働くならば、いかなる人の意志にも反することはありません。むしろそれは、偽りの習慣や考えでがんじがらめになっている相手の意志を解き放つことになるのです。従って、このような対し方は、「影響を与える」という筋合のものではなく、相手の中に常に実存している完全なる実相を単に呼び起して、本人の注意をそこに引きつけるだけであり、本人が「そうだった」と、認めるだけです。

26 私たちの言葉（Word）が癒しを与える

私たちがもし、語る言葉を霊として観ずるならば、言葉は常に力を持つようになります。なぜなら、言葉はその時、霊以外の何ものでもないからです。私たちは、パワーそのものであると同時に、パワーの表現者でもあります。言葉にいかなるパワーを持たせるかを決めるのは、私たち自身です。

薬のパワーもまた、これと全く同じ道理によるものです。薬は、実は患者の心を拡大させて、宇宙の創造的権能を受け入れられるようにするための担い手、手段にすぎません。神は、医者、患者、錠剤の内にあるのです。職業や地位にかかわらず、いかなる人もただ完全を投影するだけでよいのです。もちろん、私たちがいつでも完全の内に働き、完全を現わすならば、すぐにでも薬は全く不要になるでしょう。その時、私たちの言葉（Word）が癒しを与えるのです。

あらゆる次元でも完全であるもの

27

苦悩に喘《あえ》ぐ人類の求めているものを満たすためなら、どのような手段を用いても悪くはありません。現に種々様々な手段や方法があります。しかしながら、真実の効果ある力はただ一つあるのみです。もし私たちが、あらゆる点において、完全なることをもって理想とするならば、いずれは、いかなる手段をも必要としないレベルに到達するはずです。人が、自らの生命に完全をもたらす、適切かつ最も有効な手段として、何を用いているかということは、単にその人の心の発達状態を示しているにすぎないのです。ある人は、それは薬に違いないと考え、またある人は、それは断定であると考えます。

いかなる手段を用いようと、現れるのは原理（Principle）であるところの完全（Perfection）です。最高の理念だけが、神の原理の内にある力を、すべて収めるのに充分なのです。なぜなら、容器が大きいほど、中身も多く収まるからです。容れものと中身が一体であれば、すなわち完全であれば、それは、あらゆる次元でもまた、完全なのです。

28 他のものや人を引き上げようとするより、自らを高めよ

遠隔治療、あるいは形而上学者が言うところの不在治療をする際は、想念のほうが、言葉よりも遥かに迅速かつ強力です。言葉、すなわち耳に聞える音は、物質層に属し、目的地に達するには空間を過《よ》ぎり、時間の中を持続しなければなりませんが、想念には、時間・空間はありません。太陽であれ、地球の中心であれ、その他いかなる場所にせよ、私たちの想念がいかに瞬間的に到達するかを銘記すべきです。これは何も、想念が時間・空間の中を移動したわけではなく、すでにそれは、そこにあるのです。

同様にまた、聖なる霊の中にあるすべての事実はすでにそこにあるのであり、しかもまたすでに明々白々に顕在しているのです。この事実を見出すことは、自らをその事実にまで高めることを意味します。そして、人の中にこれを見出せば、彼をそこまで引き上げる

ことになるのです。

もし私が高められるならば、すなわち私の知覚能力が実相の次元まで引き上げられるならば、あらゆるものがその領域に向って引き寄せられます。他のものや人を完全な状態まで引き上げようとするよりむしろ、このような自らを高める姿勢こそが正しいのです。他者を引き上げようとすることはちょうど、つるはしとシャベルで土からエネルギーを掘り出そうと試みるようなものなのです。

29

キリストの言葉によって造られなかったものは一つもない

インドに私の知人がいますが、彼は、嵐の完全さを心に描くだけで平然と嵐の中を歩いて行きます。それでいて、決して濡れません。彼が火事を消し、嵐を鎮《しず》めるのを、私たちは、度々見ています。人間が神の言葉の中に住むならば、人間は神の言葉であるのです。

「もしあなた方が、わたしの言葉の中に住み、わたしの言葉があなた方の中に住むならば、わたしがあなた方の中に在るように、あなた方はわたしの中に在る」という聖言が、すべての真理です。イエスが言葉を送って百人長の娘を癒した際、私たちが三次元世界で測れるようなものは何も送っていません。イエス、すなわちキリストは、彼自身が言葉そのものだったのであり、この言葉によって造られなかったものは一つもなかったのです。

故にイエスが「送った」言葉が、空間を移動していったわけではありません。なぜなら、言葉はイエスとともにあるのと同様、百人長の娘の真実として彼女の元にあったからです。イエスはただ単に万人共通の普遍的真実、すなわち霊的真実〈すべての人に備わっている完全な実相〉を表明しただけであって、そうすると本人の外側の心〈顕在意識〉が、この真実に目覚めたのです。

30

「我等が天のお蔭とする療薬も、我等が中によく在るものです」――シェイクスピア

【講義指針】

1項　世の初めにおいて、人間はすでに、すべてのものに対する主権を与えられたのではないでしょうか？　そうだとすれば、そのパワーは、今なお人間の中にあるはずです。その人間に対し、外部の何ものかが支配するパワーを有しているとすれば、それは当方が、そのものに与えたのです。そのパワーがそのもの、あるいは他の人から発するように見えても、そのパワーは、依然として、実は自分の中にあるのです。なぜなら、そのパワーが働くのも感じられるのも、当方の心の中だからです。従って、他物、あるいは他者に対する自分自身の心の動・反動を制御することこそが、パワーの根本的秘密の一つでしょう。自分の心を完全という神の理念にすっかり調和して働かすことこそが、天と地における、すべてのパワーを掌握する基でしょう。

2・3・4項　これは、一般には明らかに把握されてはいないようですが、自動車のエンジンのシリンダー自体は、何らパワーそのものではないように、私たちの話す言葉自体にはパワーはありません――このことを各人はハッキリと知らなければなりません。シリンダーは、エネルギー伝達の装置であって、その中を動くエネルギーの種類と程度のみが、パワーを決定します。「わたしの言葉は霊である」と、イエスが言われたのは、神の動力が、イエスの言ったこと、あるいは思ったことを媒介として働くことをイエスは自覚していた、という意味なのです。従って、病を癒したのは、実は言葉そのものではなく、言葉を介して働く、このエネルギーだったのです。真実に非ざるもの、すなわち虚妄《こもう》を前にして、真実すなわち実相なる真理を断固として宣言する時、そのパワーは無限です。その他このような真実と虚妄、光と闇の相対峙《たいじ》する世界においては、常にこの考えを貫き通すことです。

5項 この項での大切なポイントは、つまらない雑談などで、いかに大切な機会を逸しているかを学習者に知らせることです。智慧さえ働かしていけば、その人の発する言葉には、凡庸の境涯から自らを解脱させるに足るほどの、無限のエネルギーが秘められている可能性もあるのです。

6項は入念なる研究を要します。受け容れた事実によって自然に推進されることと、現状より良いと思われる状態になるよう、意志によって強制することの違いを、私たちは区別すべきです。初めから与えられているものを受け容れることは、いわゆる強制的意志とは縁もゆかりもないのです。相手から差し出された贈り物を受け容れることは、相手が別にやる気もない物をねだるよりも、計り知れぬほどの効果があります。普遍的に正しい真実を受け容れることとは、何が何でも個人意志を強く主張することとは全く無縁です。「完全」は、自分の単なる観念を投じたからといって生ずるものではありません。それは、事物がすでに秩序正しく確立されていたのだ、と目覚めることから生じるのです。

7項　本項によって、消極的な言葉に人を支配する力があるという観念から学習者は解放されます。消極的言葉は時間の浪費であって、催眠状態を増すばかりです。理想が高ければ高いほど、考え方もより光明化され、よりパワフルになります。一番明るい言葉が、一番真理を含んだ言葉なのです。

8項　自分の最高の理想に一致することだけをこの現象界に伝え、投影するように、正しい判断を用いて、よくよく言葉を選ぶこと。

9項　人間の主権とは、まず自分自身に対する主権です。人間の存在は、天国にもたとえられます。自分の想念・感情・肉体の状態は、無限の空間を制している法則にのみ服させるべきです。自分自身が、自分の支配領土であって、その支配権が原理の実相に従って行使されて初めて、それは天国となります。

10・11項は、すべての建設的な想念や言葉の起源を明らかにし、かつ想念と行為のすべてを、この方法、手順で発達させるべきことを明示しています。

12・13項　言葉の内にあって、言葉に力を与えるものを明らかにしてください。言葉の反復と、その実現との関係。

14・15・16項　言葉の働きは、今までなかったものを外から投入して出現させることではなく、人の心を拡大させて、初めなき初めから常在しつづけているもの〔至美・至高・至善の完全なる実相〕に気づかせることです。「アブラハムのいた前より私はいるのです」という聖言は、キリストについて成り立つのと全く同様に、霊におけるあらゆる事実についても正しいのです。

17・18・19項は同じ真理の続きです。真理とはすなわち、催眠術というヴェール、寺院の内にあるヴェールを見抜き、あらゆるものがすでに完全かつ明らかになっている、向こう側の世界を見通せるように心を訓練することです。すべては、真実が見えるよう心を鍛えることに尽きます。

20・21項には、形而上的方法による治療家のみならず、誰か困っている知人を助けたいと思う人にとって、役に立つ助言が含まれています。だいたいこれまでの精神訓練は、全く催眠術的なものであって、今ここにすでにある、完全円満な実相の状態の代りに、「幾らかはまし」という状態をあてがうにすぎません。神自身の完全さが今ここにすでにあって、人々の認識を待っているというのに、何を好き好んで、一介の単なる人間的状態、あるいは観念に代る五十歩百歩の他の人間的状態、あるいは、観念をもってしようとするのでしょう。

22項 結果にかかわらず、事実に寄り添うことです。失うものは迷妄の他になく、得るのは真理そのものです。それならば、どうして躊躇するのでしょうか？

23・24・25・26項はよく説明してあり、各人にとって極めて啓蒙的ですが、教師の豊かな心をもって敷衍することもできます。

27項 「伝えるもの」と「伝えられるもの」との間の乖離《かいり》によって、例えば、治療法の成功の度合いも決まります。「生かすのは霊である」。故に、治療の効果は、その療法に内在する霊の量によって定まるのです。

28・29項は、病気の不在治療のようなものがあるという考えを排除します。なぜなら、霊には「不在」ということがないからです。霊は常に存在し、いかなる場所でも同一です。ただ、霊を認識することだけが必要なのです。

第6章

意識／自由にして全能なる存在を限定する自分自身の意識の解放

1 人の能力を決定するもの

意識とは、人間が何かに気づいている状態を言います。それは心が知る能力であり、この知る能力があらゆる面における人の能力を決定します。人間は真実であるものに気づくこともあれば、実在らしくはあっても、その実全くの偽物であるもののほうへの意識感覚を発達させることもあります。自分の状態が本物であるか偽物であるかは、結局本人の自覚あるいは意識によって決まるわけです。

2 自らの意識を神の意識へつなぐ

意識は最高の特性を表わさねばなりません。そしてあらゆる高い特性に結びつけられなければなりません。私たちは自らの意識を神の意識へとつなぎ、自分自身を含むあらゆるものを最高の状態で認識します。これは、あらゆる状況、出来事を見通す状態です。その時初めて大師方の言われる通りに、これまで死すべき者あるいは物的なものと霊との間に介在すると思われていたヴェールが完全に除かれるのです。もはやそこには、何の限定もありません。これまで抱いていた俗な形而下の観念は完全に破棄されて、真の霊的なもの（完全なる実相）に取って代られるのです。

3 五官が開かれる時

と言っても、この霊的意識（実相覚）は感覚の活動を排除するものではありません。本当の感覚の働きは、常に最高の意識の中にこそ含まれているのです。感覚活動が正しく働いているのが真の霊的活動です。いわゆる五官は、正しい指揮の下に置かれていない時は、その働きが制約されてしまいます。しかし、実相によって指揮されて働く時は正しく働くもので、そのような時、五官が開かれた、と言います。

4 トランスの意識状態とは

トランスに入るとどのような意識状態であるかについて、よく尋ねられます。トランスとは、感覚活動の部分的な表現に過ぎません。それよりも私たちは、常に、真の活動、すなわち完成へと、自らの意識を結びつけたほうがよいのです。そして、この部分的表現が真の活動と一つになった時、私たちは決してトランスには入らず、いかなる破壊的な催眠状態にも陥らないのです。

5 意識はただ一つであり、細別することは錯覚

この事実は、意識の細別として私たちが一般に分類しているものにも、同様に当てはまります。意識は細別できないため、分類しようと試みるべきではありません。意識はただ

一つであり、その一つの意識状態において、私たちは分割や区別という観点からものを考えることはできません。幻覚的なトランスと同様、細別することは錯覚です。

いろいろと細別すると、一見非常に精緻《せいち》に思えるので、高度の分別のない人は、非常に迷わされるものです。しかし、本当はそれを全一のものとして見るほうが、遥かに易しいのです。細別は人間に始まったことであって、人間は細別されたものを属性などと思い込んでいますが、実は決してそうではありません。

6

何かの教えを伝える場合、たいていの教師が考えることは、恐らく自分の教えを明瞭に伝えることでしょう。その点、教えは常に一つであるほうが良いのです。結局、単純なものはいつでも最も明瞭なのです。細別すると、たいていはその分けられたものが属性だと思われてしまいます。だから、私たちの目はただ一つのものだけを見つめているほうがよいのです。細別していると、人は消極的状態に陥ってしまいます。細別は多くの場合象徴に使われ、象徴の大部分は意識の細別を表します。「象徴」だけでは、もはや充分でない理由の一つは、こういう所にもあります。

周知の通り、私たちは象徴化を克服したのです。大師方がおっしゃるように、私たちは意識における、純粋な昼光の内にあるのです。いかなる細別もせず、かの意識、完全なる光を自らの目標としたほうが、事ははるかに容易なのです。

7 肉体は意識の働きの象徴である

食物を食べ、咀嚼《そしゃく》し、同化し、それをエネルギー・筋肉・骨・血液・歯・髪等に変容して、肉体を再生することを考えてみましょう。これらの一つ一つの働きをバラバラに扱い、食事の度ごとに、これらの働きの、どの部分が食物のどの部分を扱い、各機能は、何時どのような順序で営まれていくかを決めるべきである、という説を、あなたが立てたとしましょう。その際に生じる混乱を、あなたはどのようにして避けるのでしょうか?

実際には、あなたは、それが多くの局面を伴う一つの過程であって、その一つ一つの局面は、単一のシステム（組織）の中で機能している過程である、と認めているではありませんか？　通常の肉体の状態では、全体のシステムの一局面でありながら、それとは独立して機能するということはないのであって、各一つ一つの局面が、単一システムの働きなのです。

8

肉体は魂、すなわち肉体の中に住んでいる人間の象徴にすぎません。すなわちまた、肉体は意識の働きの象徴でもあります。注意というコントロール（統御）によって、意識の中に入れるべきものを護《まも》り、かつ決めるために、意識の全過程が単一の組織として自律的に働いているのです。顕在意識・潜在意識・超意識などという個々別々のものがあるわけではなく、あるのはただ実在という一つの光り輝く、生ける意識のみです。故にそれは象徴、また催眠とは全く縁もゆかりもない状態なのです。

霊力に溺れない

9

心霊感覚、すなわち意識の下層に興味を持つあまり、せっかくの地上の全生涯をそれにかけ、結局本当の意識を現わさずに終ってしまう人もいます。それを解決する最良の方法は、そのようなものを放下して、ただ全体と一つになることだけです。「あなた方は自分を、罪に死んで、神に生きている、と思いなさい」とパウロが言ったのは、そういう意味だったのです。

両者の差は、明晰《めいせき》な智識と他者の影響を受けた智識というところにあります。雲視能力が本来伝えようとしたのは、英語の語源が示す通り明晰なるヴィジョンなのですが、一般に受け取られている意味は部分的であり、従って、曇った視野、一部分のみの見方です。

10 実相開顕に霊媒や催眠を通じては到達できない

霊視力や霊聴力その他、意識の五官の中のどれかを通して、ある相対的な現象が出てくることもありえますが、それは決して全体とはなりえないし、また全体にはなりません。そのような部分像は、結局偽りだったということになるかもしれませんし、そのような状態の下では、いわゆる消極観念、すなわち、全く虚妄の観念のとりこにもなりかねないのです。

しかし、私たちが全体と一つになれば、消極的になることも、偽りに終ってしまうこともできません。従って、真理そのものをはっきりと知ることが大事です。そのような知り方、あるいは全一の意識には、霊媒その他の形の催眠を通じては、決して到達できるものではありません。そのようなものは、すべて真の実相開顕にとって有害であることは明らかです。

11 すべての感官は一つ、細胞も一致して振動する

そのように高度な知覚において、すべての感官は一つなのです。感官すべてが完全に調和して一となるのです。私たちの感官は、絶対的に調和しており、私たちの肉体のあらゆる部分、あらゆる細胞も調和し、一致して振動しています。

しかし、前記の場合以外に非常に問題となるのは、肉体の一部が間違った領域で振動し

やすいため、新しい細胞が、本来属すべき器官に組み込まれなくなることです。元来、創造された各細胞は、自らが組み込まれるべき器官を代表するものであるのに、その所属する波動の領域から外れると、別の違った器官に組み込まれることになって、その結果不調和な状態をきたすのです。

12 躍動するエネルギーが滞る強烈な催眠術

ところが、肉体のさまざまな中枢や器官に対して精神集中をする種々の神秘的方法を行ったために、この不調和自体が極度に悪化する場合がよくあります。このような行法は、催眠状態を深め、ますますその状態を決定的にし、ますます大きな混乱を招くのです。第一、催眠とは意識の一部の働き、すなわち、ある特定の形あるいは方向にのみ働いている特殊な意識にすぎないものです。

故に、意識が雑多な分野、あるいは部門に細別されればされるほど、それは催眠的な状態を深めます。そうであるにもかかわらず、頑《かたく》なに意識を細別された面で働かせれば、その受ける催眠的影響は決定的なものとなります。従って、常に注意を全体、完全な全一に向けるべきであって、そうして初めて躍動するエネルギーが、肉体の場合と同様に、意識の機構全体を滞りなく流れるようになるのです。その時、組織全体に完全な同時共同作業、すなわち調和が現れてくるのです。

13 内部意識・外部意識という分離感

内部意識・外部意識という考え方もまた、催眠状態の一種です。なぜなら、このような説は、分離感あるいは区別感を押しつけるからです。しかし、実際には内部意識・外部意識・個人意識・普遍意識などというものはありません。真我が外部において意識活動をしても、それは意識が一つの態度をとっただけであって、そうでありながらも、なおかつそれは、あらゆる点で完全であり、普遍意識の中に在って、普遍意識とともに全一なのです。「わたし」と父なる神とは一つなのです。

大師方の言う「健全な心」について

14

従って、私たちは内部を意識することはありません。なぜなら、内部と外部は一つだからです。常に全体が確かなものなのです。私たちがヴィジョン、すなわち理念を描いたり、掲げたりするのも、それは完全なる全体のためなのです。これを大師方は「健全な心」と呼んでいますが、それは意識において完全に健やかであるということです。それは非の打ちどころがなく健やかで、一体なるものです。さらに、肉体も全く健やかにして、完全に一体なるものです。その時、肉体も完全に健やかにして全くあります。知る者と知られたるものとが一つとなっているのです。

パウロはこのことを、その著述の中に書き記したのですが、翻訳された文に盛り込まれることは決してありませんでした。知る者と知られるものの二つを完全にし、それらを一つにすることで、知る者であると同時に、知られるものになることができるのです。実際には何の隔たりもない両者を、分離してしまうのが問題なのです。

否定の実践が解放をもたらす手段になるのか？

15

この点を踏まえ、完全な状態へと自らを解き放つための有効な手段として、否定を実践することについても、賢明に考えるべきです。否定によって、正しくない、あるいは一なる完全な状態に反すると思われる体験や過程が心から消え、意識から抹消され、存在の外へと追い出されると思われています。しかし、形而上学で実践されている平凡な否定が、結果して解放をもたらす有効な手段なのでしょうか？　通常用いられているままの否定が、望ましい結果をもたらすのであれば結構ですが、そうでないのであれば、その背後にあるものを見出し、効果的な方法を探り出そうではありませんか。

16 否定法は必要なし

今度は、一般に遺伝の法則と考えられているものと、否定法との関係という特殊なケースを取り上げてみましょう。実は、**いかなる意味においても、否定法は必要ありません。否定法は、常に人間を一層迷妄の中に突き落としてしまうものです。なぜなら否定法は、心を形の上では一応否定している状態に集中させるため、一層その状態を増強させる恐れがあるからです。**心はその性質上、注意を向けた状態を拡大するものです。従って、本来の目的は、そのような状態を全面的に取り除くことにあるのであり、そうであれば、そのような状態は全く考えないようにすべきであって、むしろその後押しをしたりすべきではありません。

遺伝の法則は本来存在しない

17

本当のところは、遺伝の法則なんて実在しません。それはただの現れにすぎないのです。従って、実在しないものを、ことさらに否定する必要はありません。否定する代りに、完全なるものを立てたほうが遥かによいのです。そのほうがずっと結果の実現も早いのです。

否定法は、普通否定される状態を、むしろ当人に余計近づけるものですが、完全なるものを立てるならば、完全なる状態の実現のほうが、遥かに早く実現するのです。目の前にある状態をどうこういうことは、全く問題ではありません。そのような状態をただ心から放下するだけでよい。そのほうが遥かによいことは、もう何回となく実験によって証明されています。ですから、そのようなものには注意を全く向けずに放っておくことです。念頭から放ち去ることです。「彼を放ちて行かしめよ」とイエスが言われたのも、明らかにこの意味だったのです。

18

家族に遺伝を認めることは、また当然人類の遺伝を認めることになりますが、そのようなものは両方共実在しません。なるほど似た人々もいるにはいますが、それはきまって、以前に近しい関係があったか、過去の経験や環境が似ていたからなのです。一見したところ、進化の過程が同じように進められたと思われる染色体もありますが、実際にはそうではありません。長い間の体験によって獲得した結果、特徴となったものの遺伝は、想念の影響を受け得るものですが、その想念を逆に働かせて影響を排除することもできるのです。

19 類似の原理／心や感情の動き方で同じ特性が現れる

外形の特徴をもたらすのは心の状態であり、外形が類似しているのは、集団内における個々人の心や感情の経験が似ているからです。初めはそれほど似てもいないが、お互いに長い間接触して、だいたい同じ心や感情の動き方をしていると、結局同じ特性が現れてくるものです。一人の男と一人の女が、お互いに共感する関心を持ち、お互いに感情を反応させながら、数年も一緒に暮していると、姿形が似てくるものです。これは同じ精神状態が再生されるからです。

遺伝の一因は間違った考え方にある

20

現在の医学は、遺伝病については以前とは全く反対の意見に傾きつつあります。イエスが癲癇《てんかん》をいやされた時、弟子たちは、「本人かその親たちが前に罪でも犯した報いなのですか？」と尋ねたところ、イエスの口をついて直ちに出た答えはこうでした。「あなた方が、罪の存在を認めなければ、この男やその親たちは罪を犯したことにはならない」と。それが罪だと言うのは、ただ親たちや本人の周囲の人たちがそう考えるからなのです。癲癇という状態と結びつけられている罪は、本当は、間違った考え方をするという罪だったのです。

魂はカルマという負債など背負ってこない

21

いわゆるカルマ（因果）の法則も同じことです。**カルマという負債など実在しないこと、魂はそんなものなど背負ってくるものではないことが、今では証明できます。霊的に大悟すれば、カルマの状態その他何にせよ、不完全な状態など問題ではなくなります。**それは数学の法則も勉強しないうちから、数学の間違いを直さなければならない、というのと同じことで、馬鹿げた話です。

数学の法則を一所懸命に勉強すれば、数学の間違いなど、ひとりでに消えるのが事実です。自分の間違いがどうあろうと、法則の勉強は自分が直接するのですから、いったん法則が判ってそれに従えば、偽りの結果など出てこないものです。

22

インドの優秀な指導的大学、特にカルカッタ大学のボーズ博士は、「もし人々が遺伝なるものを全く考えないようになれば、決して遺伝なるものは出てこなくなるはずだ」と現に述べています。植物にもいわゆる遺伝が出てくることもあるでしょうが、それにしても、その植物の周囲の人々の考えで、遺伝を矯正することができるのです。

23 精神病は引き寄せであって遺伝ではない

遺伝すると一般に思われている精神病は、当人に他の者が押し付けた、ある状態にすぎません。そういった人々自体が精神病者みたいなものなのです。精神病は、引き寄せであって遺伝ではありません。故に、私たちは、この遺伝説を受け容れることなく、「人は皆不変にして不動の、神の遺産を受けている」という考え方を支持しなければなりません。これこそが、人類の「遺伝」という考え方に対する、効果的な否定——すなわち、虚妄に代えるに真実をもってし、虚妄を私たちの思考の外に完全に排除することです。

人はまた、精神病を憑依霊《ひょうい》によるものとも思っていますが、神は人間の心に取り憑《つ》くごときものとは何ら関係なく、また私たちも神の子として、かくのごときものと関わり合う必要はありません。

24 遺伝は何かの法則の結果では決してない

イエスは、「天に在《まし》ます方のみが自分の父である以上、地上の何人も父と呼んではならぬ」と言いました。それなら、これこそが、人間の本当の遺伝系統であって、父なる神と子なる自分との間の途中の成行を知るには、自分の存在の根本事実に戻りさえすればよいのです。

まず太初に、神が創造をし給うた。すなわち、すべての創られたものの起源は、神に在る。これは時間のことを言っているのではなくて、事実を言っているのです。自分自身と自分の根源との間に、何らの誤った想念をも介在させなければ、他に何らの遺伝系統もありえません。なぜなら、当人の実存に、当人以外にどこからか忍び込む者のあろうはずがないからです。常に想念こそが決定要因であって、常に自分の根源、すなわち神に回帰することによって、人間は自分の心を通じて自分自身の大元からすでに実在する、完全なるものを受け継ぐのです。

25

「人間が罪を犯したから、死を免れなくなった」のではない

創世紀第二章に誤訳が一つあったために、私たちは罪や遺伝について誤った考え方をするようになりました。実は、創世紀第二章は、「人間が罪を犯し、そのために死が免れなくなり、その運命が、子孫の私たちに伝えられた」という意味ではありません。その言わんとするところは、「罪が人間の本性を逆転させた」ということではなく、「罪自体が逆転されうるものである」ということだったのです。

当時は、罪はただ過程の上での間違いという意味であって、同時にその間違いは矯正しうるという教えだったのです。イエスは罪と罪の結果との永久固定を教えたのではなく、罪の赦《ゆる》しを教えました。すなわち、「過ちは逆に転じ得る」という教えだったのです。

26 遺伝の法則は「すべて人間の想念がもたらした見せかけの現象」

いわゆる人間の法則、あるいは心の法則なるものは、すべてこの種類に属します。これらの法則は、宇宙と宇宙の中にあるすべての本当の支配法則を明確にするものではない、という意味において、すべて誤りです。従って、これらの法則はいつでも排除しうるものであって、それを拒否し、本当の法則を立てるだけで、否定し尽されるものです。ボーズ博士は、このことを決定的に証明しました。彼は、いわゆる遺伝の法則は、「すべて人間の想念がもたらした見せかけの現象にすぎないのであって、何時でも排除しうるものである」と述べています。

27 キリスト状態を達成する

しかし、そのためには、私たちはまず第一に、内在のキリスト自身と一体にならなければなりません。迷信を排除するには、正しい智識が必要であるように、これらの虚妄の法則を排除するためには、キリスト意識になることを必要とします。まず、このキリスト状態を達成し、表わさなければなりません。一度この状態に入ると、他の余計なものが一切なくなることは、言うまでもありません。

28

限定や制限されている意識状態は催眠状態にすぎない

催眠状態は、部分的な意識状態と誤った意識状態の二つから生じえます。部分的な意識状態になると、いくつかの能力しか認めることができず、人は限定されているように感じ、自らの意識が示すものを超えられないと思うのです。あらゆる制限や、できないという感じは、部分的な催眠状態にすぎません。

一方、誤った意識状態においては、人は全く真実でないものを真実だと考えます。これは実在に対する全くの無智の状態です。それは、完全に誤った印象からなる心の状態です。

誤った印象とはすなわち、こう言って差し支えなければ、全く存在しないものについて作り上げられた意識であり、もしくは、完全に真実であるものに関する、全く間違った一連の印象なのです。

29 「見かけのものが、そのまま実存するのではない」

これは、例えばかつて人間が抱いていた、地球は平たい、という考え方で説明ができるでしょう。当時の人間は、この考え方のとりこになって、ある限られた活動範囲にとじ込められ、この限られた範囲を超えるのを恐れ、地球の端から転げ落ちはしないかと心配する、という催眠的な結果になったのです。地球が丸いことを知っている現在では、こんな考え方など全く馬鹿馬鹿しい限りです。

本当は、地球は初めから丸いのに、彼らは、地球が現に平たくて、その端には大きな割れ目があると限定したために、当時の人々の行動もまた、限定されることになったのです。ところが、地球について別の考え方を持っていた冒険家たちは、他の人々が住んでいた限定の世界を超えて冒険を敢てし、例の割れ目なるものも、割れ目なるものに関する限りは、何なく乗り越えてしまったのです。彼らにとっては、割れ目など存在しなかったし事実存在しなかったのです。しかし、外の人たちから見れば、この人たちが落ち込むのは必定だったのです。こんな状態に処する方法は、割れ目を克服することにあったのではありません。何故ならもともとそんなものはなかったからです。それはただ俗論の限定を超えて乗り出すだけで良かったのであって、そうすることによって、そんな限定など事実なかったことが発見されたのです。

これこそが、大師方があらゆる情況に対処するやり方です。大師方は「見かけのものが、そのまま実存するのではない」と言っています。大師方は人類の抱いている意見や人類に現れて見える見かけの状態などに催眠されはしません。それは実在を知っているからです。

大師方は、実在する真実の世界で物事を決められ、ちょうどコロンブスが地球の端を渉《わた》ったように、時間・空間を渉ります。地球には端はなかったのです。そのように、大師方にとっては、時間・空間なるものは存在しません。端のある平たい地球が妄想であったように、時間・空間もまた妄想なのです。

30

「制約よ、わたしの後に退がれ」

翻訳文によれば、「サタンよ、わたしの後に退がれ」と、イエスが言われたのもこのような意味だったのです。すなわち、本当はイエスは、「制約よ、わたしの後に退がれ」と言われたのです。なぜならそんなものは実在しないからです。イエスの大悟の世界には、制約など存在しないので、自分の考えや行為の分野から完全にそれを除外したのです。イエスは催眠の魔術、寺院のヴェールを透過して徹見し、完全に実在の中に生きたのです。

31

睡眠時に完全意識が働いている

睡眠の世界では、意識は満遍なく完全に働くようになり、意識の属性すべてが待機の状態となって、知る行為そのものになっています。私たちが目覚めている時にはできないことでも、睡眠中にやってのけることが度々あるのは、そのためです。日中は外部に向って盛んに働きかけているために、意識は下に沈んでいます。日中はセカセカと大忙しでいるために、夜になるとぐったりと疲れます。すると、私たちの意識は、自分では判りませんが、すべてを知る状態にさっと戻ります。しかし、その時起っていることは、表層の意識では自覚しません。本当はいわゆる覚醒状態の時と同じように自覚しなければなりませんが、とにかく、睡眠は完全意識が働くようにしてくれるものです。

覚醒状態よりもすぐれている夢の状態

32

夢の状態は、これを理性的にかつ正しい秩序の下に用いれば、覚醒状態よりもすぐれていると、精神分析の分野で強調する理由もここにあるわけです。しかし、本当はこの両者――睡眠及び覚醒状態――は、全く同じでなければなりません。もし私たちが自分の想念を、この、より高次の意識に向けるなら、私たちは常にその領域にあって、すべてを覚知するようになります。私たちの心を高い意識状態、すなわちすべてを覚知する状態に向けない限りは、夢は非常に低級な霊視状態にとどまるだけです。高い意識状態に心が高まっていれば、私たちの夢は常に正夢となり、いい加減なものにはならなくなります。普通夢は、この地上の体験と、地上よりも高い領域での体験の混じったものです。私たちの想念が、常に地上のそれより高い性質のものであれば、夢もそれに相応します。私たちが寝入った瞬間に、その日その日のことが締め切られて夢となって現れるわけです。

33 睡眠が解決を与えてくれる

人は、解決できそうにない深刻な問題という、いわゆる石壁に直面することがあります。そのような時、疲労状態にあることによって、かえって外面的なものが静まり、解決策がもたらされることが非常によくあるのです。その人は単に、誤った生活習慣を続けてきたことにより、自らの存在を可能な限り縮めてしまったにすぎないのです。睡眠も全く同様にして、解決を与えます。疲労を通して活動が止み、心が現状から解き放たれ、解決策がもたらされるのです。

34

弛緩法／想念を完全な状態に向ける

大師方のなされる弛緩法は、何であれ外部の状態を完全に放ち去って、ご自分の想念を完全な状態に向けることです。肉体的・感情的・精神的なものは、より高次の世界に注意を向けることによって、鎮めなければなりません。

35

悪夢について

普通の夢と悪夢との違いですが、悪夢の場合は、明らかに心霊現象が外部の行為とつながったもので、ちょうど精神錯乱や催眠術の場合のように、有象無象が入り込む隙を与えてしまったものです。わたしは催眠術にかかって全く別人になってしまった人々を見ていますが、彼らは猿の真似をしたり、犬のように吠《ほ》えながら這《は》い回ったりします。それは全く悪夢にそっくりです。

36 悪夢からの解脱法

たとえ悪夢の中にあっても、覚醒状態の時に考えるはずの通りに考えるならば、そこから抜けられるものです。悪夢を経験しながら、もし自分が目を覚ましていたらどんなことを考えるだろうかと、自問自答することによって、極端な悪夢のケースを自分で治した病人もいます。さらにこの人が、今度は、もし自分が完全な霊意識の状態にあるならば、自分はどんなことをするだろうか、と考えるならば、彼は同じ結果に一層速やかに到達したはずで、事実、その霊意識により近いところまで高まるのです。また、もし自分が霊的実在をはっきりと洞察しえたとすれば、いったい自分にどんなことがやれるだろうかと自問すれば、そのほうがもっと易しくもっと有効であるはずです。何故なら、このほうが効果は永久的だからです。就寝前に、自分は「完全と一体である」と宣言しておけば、悪夢は自動的に打ち破られるものです。このような状態に入ってしまえば、悪夢のつけ込む隙などあるわけがありません。

37 覚醒時の解脱法

この方法を、いわゆる覚醒状態にも同じように応用するとよい。この方法で、すべての消極的状態や困難な諸問題を、その都度矯正し、解決することができます。いろいろな問題や消極的状態と思われるものに直面した時、自分が神霊意識の中にある、すなわち、自分が正に神の霊であるとの自覚に入っていたらどうするか、と自問すれば、必ずこの方法が有益であることを体認します。従って、この方法で地上生活のいろいろな複雑なものを取り除くとよいのです。何も難しいことはなく、この通り、至って簡単なのです。

38 すべてを完成する聖句の真理

結局、「静まりて我自らの、神なるを知る」ことが、この様々な場合を言い尽しています。何故なら、この方法こそが、すべてを完成するからです。尚また、かの「神その聖所にましますす、全地をして神のみ前に静まらしめ歓びに歓ばしめよ」の聖句も同様に有効です。また、「永遠の歓喜よりすべては生ず」という聖句も然りです。

39 歓喜こそは、人間の本当の情緒

歓喜は、実に最高の状態です。肉体の悦楽が、肉体の高揚状態であるように、歓喜は魂の高揚状況です。歓喜こそは、人間存在の実相より生れ出づる、人間の本当の情緒なのです。

この歓喜と調和の状態から離れた時が、至高者《いとたかきもの》からの、離反の始まりです。いずれは、すべての神学学派が、この真理を説くようになるのを、あなた方は聞くようになるでしょう。いえ、それは今まさに実現しつつあり、子供たちに対する教えまでそのように変り、調和を旨として身辺の騒がしいものなど、巻き込まれずに放っておきなさい、と教えるようになったのは、誠に目覚ましいことです。

闘争を助長しない生き方を

40

子供たちが建設的な考えに反応するようガイドし、団結してお互いの調和を促進するように訓練し、群集本能もこの方向に開発するならば、その瞬間に、世界におけるすべての不幸・悲惨・貧困　戦争の根元そのものを、絶やすことになります。

私たちは、過去において闘争を助長する方法ばかり講じてきました。怒りや抵抗を惹き起す者が出ると、途端に皆がそれに倣い、お互いに闘争感覚を助長するように、馴らされてきたのです。この生き方を逆にして、本来在るべき状態に還ることによって初めて、私たちは完全な社会構造の実現を目のあたりに見るようになるのです。

【講義指針】

1・2項　自分自身を物質的存在とする現在の意識状態から、霊的存在であるとの自覚に入ることの中に、人間の大成の秘訣《ひけつ》すべてが含まれています。この際考えなければならないのは、意識構造の変化です。なぜなら、これまで成し遂げようと努力してきたその他の変化がもたらせるかどうかは、意識構造を変えられるかにかかっているからです。それはただ、真理と虚妄、正智と無智を分別できるようになればよいのです。自分自身を霊的存在だと自覚し、無限の霊的統体者の後裔《こうえい》にしてこの統体者の中にある、あらゆる力と権能と一体であると自覚することが、大成の真髄そのものです。

3項　悟ったからといって、何も人間としての外側のものやいわゆる感覚活動をなくするわけではありません。むしろ、それは高揚されて、限定された、あるいは誤った智識の取り入れ口となる代りに、彼の英智の出し口になるのです。

4項　自分を外部の諸々の力や生半可な智識に隷従させることなく、自分をよく統制し、表現することが、生命の法則です。

5・6・7項　意識は、その一部だけが働くと、きまって曇るものです。いわゆる精神領域において、部分的に意識することは、完全な意識ではありません。新しい心理学では、精神は全体の一部であり、また全体の一部として機能していること、それは一つの過程であって、心自体は多くの機能や過程の寄せ集めではないことが、認められています。食べたり、咀嚼したり、同化したりすることが肉体の機能であるように、意識は霊的人間の機能です。物質的なものは、霊的なものの外に現れた写しなのです。外に出ているものが象徴と言われるのは、このことによります。

8・9・10項 純粋な智識行為と、純粋な存在は、天眼通力、すなわち明晰なるヴィジョン、すなわちまた神原理のありのままの事実〔完全円満なる実相〕を徹見するヴィジョンの結果です。「そうして彼は天を見上げた」〔聖書〕というのが純粋なヴィジョン、すなわち純粋な視力を目覚めさせる方法です。普通の霊視能力と言われているのは、精神あるいは心霊エーテルにある、人間の我の考えの働きを見る、肉体感覚の拡大にすぎません。真理の輝きのみが、明晰なヴィジョンの対象なのです。

11・12項 ある観念の代りに、別の観念を肉体に強制すること、あるいは、心でもって肉体の神秘的諸中枢を呼び起すことは、一種の最も強烈な催眠術です。なぜなら、それは故意にある考えを押し付けることであって、非常に拘束するからです。それに反して、歓喜の活き活きとした感じが、いかにその人の全存在にわたって満遍なく、かつ自動的に働くかに気づいたことはないでしょうか。この歓びの状態に浸るために、わざわざ特定の部分を刺激しなければならないことはありません。肉体の各部分を歓びの状態にするには、各部分ごとに一心集注をしていかなければならないとして、実際その通りやって全身が喜びに浸されるようになるには、いったいどれだけの時間がかかるかを考えてみるとよい。精神作用だけでは、霊性を造り出すこともないし、肉体の諸中枢を目覚めさせることもありません。しかし、霊において覚醒すると、直ちにそれは全存在にいきわたるのです。「我」が高揚すれば、その人の全存在が高揚するのです。

13・14項も前項のように取り扱い、希望であれば言い換えて詳しく説明することもできます。

15・16項 病・悪・不幸・貧等の否定は、直接打ち消すのではなくて、無視する方法でします。心の第一の働きは注目することで、注意を惹き付けられたものは何であろうと、心の働きはそれを増大します。だから否定とは、ものごとを意識の分野から追い出そうとすることです。「サタンよ、わたしの後に退がれ」というのは、否定のようなものすべてに考慮を払わない、という意味です。「何とかしよう」と対処することさえすべきではありません。なぜなら、それは影にすぎないからです。光は影を払い、正智は無智を払いのけます。

17・18・19項 物質界のいわゆる法則はすべて、物質系における行動主義の決まりを定義しようとするだけです。ところが、物質自体は、そのような法則に縛られて隷従するものではなく、いつも法則のいわゆる拘束の彼方《かなた》に逃れて、より高きものに従います。**物質を支配する究極の原理は霊です。なぜなら、宇宙はすべて、霊的組織であるからです。いわゆる遺伝は、何かの法則の結果では決してなく、心の虚構の状態を生命の過程の中に押し付けた結果にすぎません。**生命の大元霊（Spirit of Life）の法則こそが、本当の支配原理なのです。

20・21項　同様に、**カルマ〔因果の法則〕は、生命の大元霊の法則に対する反作用の結果です。この法則が実を結ぶと、それは救い、魂の光耀、完全等となります。**この法則が、各人が意識を留守にしている間だけ、カルマらしきものが出てきたり、その他の何ものかに振り回されたり、といった影響が出たりするのです。カルマを克服するとは、私たちの過ちの結果を支配したり、克服したりすることではなく、過ちそのものを正すことであって、正智と真正の法則に従うことによって実現します。

22・23・24項　は人間の本性が唯一太源から来るのであって、彼の歩んできた径路から生じるのではないことを確証しています。水流とは、源泉から下る水の流れのことであって、その間の岸のことではありません。水流は、源泉から水を集め、岸からは、泥土が集まるだけです。

25・26・27項　神霊の法則は、罪を罰しようとするのではなく、罪の結果から人間を解放しようとするのです。従って、誤ったやり方は矯正すべきであり、人間はその誤ちの結果を甘んじて受けるべきであるとするのではありません。人間の本性は、久遠の霊的存在であるが故に、これを逆転しようとしてもできるものではありません。

人間は、ただ誤った自己評価を逆転しうるだけです。故に、人間の完全なる本性をその反対物にしようなどとすることなく、自分を物質的存在とする誤った考え自体を逆転して、神の御姿に似せて造られた霊的存在であるという真理を保持すべきです。

28・29項　限定をしている意識はすべて、限定している程度だけ催眠術にかかっています。**人間は、太初からすべてのものに対する力と支配権とを与えられた、自由にして全能なる存在です。それを限定するものは、他ならぬ自分自身の意識だけです。故に、意識を解放することが、人間を解放することです。**

30項　前項の考えの続き。

31〜40項は、睡眠時と覚醒時とを問わず、人間の制約感すべての巣窟となっている意識内の、このギャップを埋めることを学び取ることが大事である、と強調しています。私たちがいかなる点であれ、最高のもの以下のものが入りこむ心の隙を造っておく限り、その造った程度に応じて、私たちの天性はその発現を制約されてしまいます。私たちは、本源以下の層から部分的知識を得るよりは、本源そのものから直接純粋意識を受けたほうがよいのです。

より大いなるものがた易く手に入るのに、どうしてより小さきものを、いつも求めるのでしょうか？　どうして、自分自身や子供たちを実相に関する智識をもって統治し、自己限定や世俗の無智などを放置しないのでしょうか？

第7章

神／あらゆる意識・力・愛・生命の総計

神に関する迷信

1

一般に人々は、神についての大師方の考え方や、神の存在場所について興味をもっています。そこでこの章では、この問題についての大師方の考え方を研究してみることにしましょう。しかし、大師方の考えを、人間を抜きにして研究することは不可能です。なぜなら大師方にとって神と人間は不可分だからです。

2

大師方は、神の話を非常によくしますが、神を実在（Being）――一つの属性としての実在、すなわち、可視・不可視の全宇宙のシステムを包含する単一の実体（entity）――の一属性と考えています。元来神についての人間の誤った考え方は、神に関する迷信からきています。

その頃の人間は、神といっても影像だけしか知らなかったので、本質においては人間自身が神であること、個人と遍在する者とは、何ら別の存在ではないことを知らせ、人間は全体の不可欠の一部であり、その本性は全体と同一であるとの悟りに復帰させることが必要でした。

3 「神は常に人間の中に在る」

大師方は、イエスが教えられたように、「神は常にまさしく人間の中に在る」と教えています。これが真理の光を得た人々の姿勢であり、考え方です。人間は本質において神なのです。「わたしは神である」というのは、およそ人間の言いうるものの中でも、最も明確な断言の一つです。大師方がその教えを文書にしたことは聞いたことはありません。口頭で教えたり、話したりはしますが、ご自分のお話を「教え」とは言っていません。大師方はただ明々白々な事実を述べるだけであって、明白なことは皆が知るべきであると言っています。だから、大師方は教えるのではなく、すべての人間が本能として知っているもの、かつ普遍的に真理であるものを確認するだけです。

4　大師方の勧める文献

各個人の進歩の手引として、大師方は、マハーバーラタ、ヴェーダ、ウパニシャッド、バガヴァッド・ギータの読書を勧めています。この読書は、本当の精神的な仕事や精神集注をしたいと思う人々に推薦しています。その読み方は、一度に数節程度がベストです。いっぺんに全巻を通読してしまう読み方は勧めていません。一文だけ読むのに丸一日かかることもよくあります。バガヴァッド・ギータの中にある教えは、神とはいったい何であるかを完全に把握・体得するための階梯です。

5　自分自身の存在の秘義を発見する

自分自身の中に神の実在することを体得しない限り、何人も本当に神を知ることはありません。「自分の中に在る神の霊が示すのでなければ、何人も神に属するものを知ることはない」のです。いろいろな教説の中に述べられているものを、徹底的に把握するように心を訓練することが、結果的に、いわゆる奥義または秘義発見に先立つ準備となるのです。なぜなら、そうすること自体が内なる働き、すなわち、奥義であるからです。それは数学の法則を学ぶようなものです。つまり、バガヴァッド・ギータや聖書その他の聖典の教えの深い意味を把握できるところまでに自己訓練ができたならば、その人は、すでに自分自身を深く探り、自分自身の存在の秘義を発見しうる立場にある、ということです。

本来人間は肉体器官ではなく、肉体器官を通じて生きている内なる「我」であり、神我なる「我」を発見することが、すなわち内なる働きなのです。

6

人間が神の似姿として造られたという真理ではなく、神が人間の似姿として造られたという説に固執する、従来の考え方が数多くあります。それらの考え方では、人間を肉体的なものとみなし、その背後にあるもの、すなわち内なる自己として見ないのです。実に、人間は神の似姿なのです。

7 人間は神の姿の内に創造された

神が可視・不可視のすべてのものの総計である以上、神の他には何もないのですから、この無限者である神の像には、すべての空間と時間が包含されています。人は、神の形で、神の姿の内にのみ創造されうるのです。なぜなら、人を創造できるような「外側の場所」などないからです。ちょうど想念が、人間の心の中にその不可欠な一部分としてあるように、人間は神の姿そのものの内に存在しているのです。人間は神の姿の内に創造され、神という完全の中に包含されているだけでなく、神に似せて、神の本質そのものによって創られているのです。原因が神であれば、結果も神の現れです。原因と結果は等しくなければなりません。心のない想念や、想念のない心というものが、いったいありうるでしょうか？

病気・罪・貧・不幸は迷いの現れ

8

条件が揃えば、人間は本来の神に戻るのです。何もこれから努力して神に到達する必要はありません。人間は、もともと神なのです。ここに根本原理の完全なる所以があるのです。

とかく迷いが病気・罪・貧・不幸などの形をとって具体的なものとして現実に存在しているように見えるために、私たちはあらゆる種類の困難や争いの中に落ち込んでしまうのです。しかし、人間の中で原理〔神・実相〕が完全にすべてを支配統一するようになると、物あるいは状態として存在しているのは、実は自分の想念が客観化したものであることが判り、自分自身はそのような見せかけの客観化の埒外《らちがい》に出るようになるのです。

迷いの現れの外に、神の純粋な現れがあるのですが、それは物質的な、あるいは、限定された客観化〔現れ〕とは違います。それは、原理〔神・実相〕のすべてを意識的に現した状態であって、そこにはいささかの神と我、人と我の分離も限定もありません。ちょうどそれは、光の無数の光条の中の一条のようなもので、これら無数の光条が一緒になって一般的な光となり、また一条一条の光線が同時に光でもあるのに似ています。

キリスト〈神我〉原理

9

「わたしは神である」という真理の本当の内容を完全に悟り切ってそう宣言するならば、どんな状態でもたちどころに癒えてしまうのです。このことを悟り、この真理の他には何も考えないようにするならば、その人の上にはただ、この真理のみが現れるのです。故に自分自身や他人に処するのに、これからは自他ともに永遠に神と一体なるものとしてのみ、見かつ宣言することです。そうすればその光が直ちに現れてくるのです。なぜなら、それこそが本物の光であるからです。その時、初めて私たちは、自他一体であることを悟り、かくてすべてが成就されるのです。これこそがキリスト〈神我〉の光、キリスト〈神我〉原理なのです。

悟れば自然に健康となる

10

従って、内分泌腺や、神経中枢や、肉体そのものに対して特殊の行法をすること、いわゆる病気の処置を必要とする説は不用になります。人間と神との一体なる基本的真理を悟れば、直ちに肉体は正調になるのです。この悟境《ごきょう》に達すれば、いろいろな内分泌腺や肉体機能はおのずと刺激されて調和するようになり、肉体のあらゆる構成分子が刺激され、覚醒され、本霊と完全に調整された働きを営むようになるのです。生かすのは霊です。我の心の働きでは、肉体の動きを高めて、本霊と調和させることはできません。なぜなら、諸々の天が地よりも高いように、聖霊は心の上にましますからです。

「してはいけない」と訳された十戒の本意

11

旧約の十戒は、決して神の法則の現れではありません。モーゼは十戒の中で、心の行いや道徳行為の規律を定めようとしたのですが、本当のことを言えば、神霊の法則の他に、そのようなものが存在するわけではありません。神霊の行為を自覚することが、唯一の文配法則であることを弁《わきま》えなければなりません。

十戒の本意は、「あなた方が法則と一つになれば、あなた方は〔……を〕しないであろう」ということだったのですが、「あなた方は……してはならない」と、翻訳されてしまったのです。人が調和の法則の中に在れば、不調和の生ずるはずがありません。しかし、不調和を生み出すことを控えるだけでは、調和の法則の中に在ることにはなりません。不協和音を避けるだけでは、何もしないという結果にしかならず、それでは音楽家が生ずるはずがなく、また協和音が出てくるはずもありません。法則を積極的に行うことが、法則にかなった結果を生ずるのです。生命は積極的であり、ダイナミックであって、静的ではありません。生命はただ単に非真理から遠ざかることではなく、進んで真理を行うことなのです。

12

法則そのものに従っていれば、法則の自然の働きの過程の中にないようなことは、行わなくなるでしょう。法則に従えば、そんなことはしないが、しかし、ただ単にしないからというだけでは、法則を満たしたことには全然ならないのであって、それはただ自分の考えに従っているだけなのです。「してはいけない」というのは、モーゼが与えたモーゼの律法でした。この禁止律法はゼフィロス、すなわち「生命の樹」から出たものであって、この事実をモーゼは秘したまま、大衆の前に発表したのですが、僧侶たちには、タルムードの本当の意味を明らかにしたのでした。

13 「健全なる声」は一つであり、光を生じさせる

モーゼに対し、神が「大きな声（loud voice）」で語られたとのことですが、実は大きな音を立てて語った、という意味ではなかったのです。神は「健全なる声（sound voice）」です。この「健全なる声（sound voice）」によって、光が現れるのです。モーゼはこのことを言ったのでした。「健全なる声（sound voice）」であって、「音のする声（voice of sound）」ではありません。そこには大きな相違があります。

もし私たちが「健全なる声」を備えているならば、その声は一つであり、光を生じさせます。また、私たちにそのような力を与えてくれます。それは、完全に音を超越しており、私たちが無声と呼ぶところのものでしょう。これこそ、私たちが今日において到達しつつ

ある、「音無き音」なのです。それは完全に音の範疇を超えており、そこに到達した時、あなた方は音を顧慮しなくなります。なぜなら、あなた方は、「健全なる声」、すなわち確かなる原理の内にあるのですから。

14 原理とともに完全に一つであるからこそ安定する

健全であることは一体であることとです。神が健全な声で語られた時、神はご自身の完全性の内で語られたのです。私たちはよく、「あの人は自分の言っていることに自分のすべてを出しきっている」と言う場合がありますが、神の場合もその通りです。私たちの声、すなわち私たちの言うことが健全であるのは、言い換えれば、私たちが健全さをもって語るのは、私たちの健全なる本性全体が目覚めて働いている時だけです。そのような時、私たちは全体には目をくれないで、ただその一部分のみを話したり、全体からの分離感を持ったままで話すということはせず、自分自身が完全なる全一となって語っているのです。

モーゼに対して神が、「わたし〈健全・全体なる神〉は永遠なるものであり、わたしの他には何者もない」と語られた時、神は「健全なる声」で語られたのです。なぜなら神が何かを疎外して語るはずがなく、全一体として行動されるからです。このことは、心は部分的なものであって、種々様々な働きから成り立っているという、今ではすたれた考え方について、幾らか光をあててくれるものです。心をこのように考えることは、催眠術にかかり、不健全になることです。心を部分に分けて相互に区別すればするほど、不健全になるものです。心のこのような部分的働き説を信奉し、これに集中したかと思えばあれに集中するという按配で、セカセカ心を動かし散らしている人々を調べてごらんなさい。彼らは一様にひどく不健全であり、内心の安らぎなど全くなく、従って彼らに従えば危険でもあります。なぜなら彼らの導くところ、ただ混乱あるのみだからです。

この種の、実は不完全な説を立て、たくさんの追随者を造り上げるのも、一つのよい生き方かも知れません。何故なら精神的に不健全な人々を纏《まと》めて組織化するのは簡単だからです。しかし、それも結局は最大の束縛となるのが落ちです。特にこのようなやり方で大衆を欺く人にとってそうです。あくまでも、健全とは全きこと――全一です。自分が全体者〔神〕と一つであること、全体者が自分の中にある中枢であること、及び自分は全体の働きとともに働き、その中に入っていることを自覚した上で、「わたしは神である」と語る時こそ、その言葉は唯一真実の健全なる宣言なのです。なぜなら、それは完全だからです。どんな建物でも、それが全体として一体になっていなければ安定しません。人間も原理〔全体なる神〕の中で、原理とともに完全に一つにならなければ、安定しません。

15 因襲は進歩の妨げとなる

伝統派にせよ形而上派にせよ、ある特定の宗教団体や制度に属していては、自分の進歩の妨げとなる場合があります。なぜなら、そのような団体・制度は部分的であり、宗派的であり、多かれ少かれ差別の考え方が入っている教えを説いているからです。そのようなものは、人間が自己の真我を発見する過程における途中の階梯にすぎないのであって、どこかで伝統、否、因襲になってしまったが最後、私たちは退歩せざるをえません。それと縁を切らぬ限り、それ以上の進歩はさえぎられてしまうのです。

否定を繰り返すことでますます縛りつけられる

16

たくさんの人々が、様々な肯定法や否定法で混乱してしまうのもそのためです。現代の多くの思想団体自体が、「……はない」と否定しだした時すでに、その点において、その団体は混乱しているのです。というのは、本来実在するものではないのに、それを否定すれば認めたことになり、認めたことによって、本来ない力が与えられてその状態が、自分自身に固定してしまう。すると、心はそれに反作用して恐怖・心配などをして、ますますそのニセモノの力を感じるようになる。すると、それを本人は「悪しき動物磁気」などと呼びだす。しかも、この否定を繰り返すことによって、ますますそれに縛りつけられ、ひいては、再び心霊の影響を受け始める始末となるのです。

人は神霊から分離して心霊現象に走る

17

実は、否定をすると、人はうまく力を発揮することができません。否定をすると、私たちは立ち止まって、「神霊ではない」と自らが規定しているものについて考えを巡らせるのです。こうして、私たちは神霊から引き離されてしまいます。神霊の中に分離はありません。人間が勝手に神霊から分離するだけなのです。その結果として、人は心霊現象や異常現象に夢中になるのです。

いろいろな心霊現象に出てくるものはすべて、神霊から離れたものであると、モーゼは明らかにしました。伝統派の教会は、神からいつの間にか分離するからこそ、葛藤をひきおこすのです。このことはもうハッキリしています。彼らは自分たちの天空に在る大きな人形《ひとかた》を造り上げ、それを神と称している始末です。実は、彼らにそれが見えるのは、ある心霊現象的なものであって、その影響の下に、実は自分の声が自分に語っているのに、それを天にある神のお告げと信じ込んでいるのです。神の声は、イエスが教えられた通りに、人の中において語るのであり、それが内なる父です。

18 悪魔すなわち制約は存在しない

キリストが制約（悪魔という言葉によって象徴された）を否定されたのは、悪魔すなわち制約なるものは本来存在しないことをことさらに宣言したのではなく、元々全くの虚構でしかないそのような考えを、放下したにすぎません。イエスはそのようなものは全く考慮に入れてはいなかったのです。

19 モーゼが言いたかった真理

モーゼが天と地の分れを云々したのは、天と地が絶対的に分離したそれぞれに独立の存在はなく、地は天地全一体の外側である、との意味でした。サンスクリット語には、地が外側の状態であることを意味する言葉があります。しかし、この状態は克服すべきものであって、その克服は、想念によってのみなされるのです。要するに、モーゼは天と地は完結して常に一つとなるべきである、と言いたかったのです。彼は地という孤立した考えを全く放下したのであって、そこには、原理というただ一つの考え方が、はっきりと現れていたのです。すべての形態は、独立の存在ではなく、内なる生命としての神霊の完全な具象化に他ならないことを、モーゼはよく知っていたのです。

肉体は光り輝く純粋な霊質

20

「しかもなお我が肉に我は神を見ん」とヨブが、その心を伝えようとしたのも、このことでした。ウパニシャッドにも、実にこのことが同様に表現されています。すべてのものに対するに、キリスト我、すなわち神我をもってし、肉体に対しても、生命すなわち神霊すなわちまた実相〔神我〕とは全く別のものとして見るのではなく、実相として見るのです。肉体は本来光輝く純粋な霊質であって、肉体を物質なりとする誤った考え方が、肉体の本当の状態は燦然《さんぜん》たる神の光であり、それを通じ、かつ、その中にこそ、神はその完全なる霊性を顕現し給う、という真理によって取って代られた時に、先述の肉体の本来の状態が現れてくるのです。

21

肉体をことさらに霊化する必要はありません。それはすでに具象化した霊なのです。ちょうど、水が酸素と水素の具象化であるようなものです。この水は、その本源の中において本源と一つであり、かつその性質は本源と全く同じものです。水から酸素と水素を分離することは、水そのものを瓦解《がかい》させることです。それと全く同様に、「あなたの体は生ける神の宮である」のであって、体がその本源と再び結び合せられた時、それは純粋にして完全となり、輝く光、太初に存在し、かつ万象を形造った根源である光となるのです。

従って、肉体がこの光としては見えず、それ以外のものに見えさせているのは、我の心の働きであって、それが肉とその本源との間に割り込んでくるからです。そのために、本来生ける神の宮である肉体が盗賊共の巣窟となり、肉体を在らしめている原理〔神〕を肉体から奪っているのです。

22

天国はあなた方の中にある

「天にましますわれらの父」という主の祈りは、天がどこかにある、というのではなく、原語のサンスクリットは、「内に在りて、しかも、いたる処に臨在する平安と調和」という意味で、それがイエスの言わんとするところだったのです。それこそが、本当の意味での天なのです。天国はあなた方の中にあるのです。

実は、主の祈りには奥深い意味があって、それは個人対個人の口伝によるのでなければ、明らかにするわけにはいきません。この奥義が判れば、その人は天国に入ります。このことには、いわゆる自我を完全に棄て、唯一の真実なるものである神我を受け容れることが含まれます。なぜなら神我の他には我は存在しないからです。正覚を得た人々はすべてこの道に従って涅槃《ねはん》、すなわちすべてが昇華して大霊となる状態に入ります。このような人々は、自分自身の神なることを自覚します。

23

「汝自身を否定せよ」／真理に合致しない意識を捨てよ

しかし、多くの人々にとっては、このことは理解しがたいものです。なぜなら、多くの人々は表面意識の考えで、自分自身を考えているからです。しかし、そのような考え方は捨てなければなりません。キリスト心が完全意識となった時、顕在意識は悟りの内にあります。なぜなら、その時顕在意識は、完全意識の中に包含されるからです。

私たちの意識の中で、これまで持ち続けてきた考え方の中で、真理に合致しないものは放下しなければなりません。キリストが、「汝自身を否定せよ」と言われたのは、この意味だったのです。自分をこの程度の人間だときめている、その自己評価を棄てて、自分は全体と完全なつながりの中にあるのだ、と受け取ることです。すなわち、自我の背後にあるデザイン（設計）こそを考えるべきであって、見せかけの外部の状態など、すべて拒否することです。キリスト心とは神の心のことです。

24

神と一体になれば、すべて即座に成就する

神に関する本当の智慧を達成すれば、その人のなす業は、瞬時にして完成します。言い換えれば、その人が完全に神と一体になれば、それは即座に成就するのです。「事終れり」と言ってから後のイエスは、次から次へと様々なことを成就していきました。もし私たちが、すべてのものの実相が完全なることを認めれば、私たち自体も完全そのものになるのです。その他のものを認めることなど要りません。別の言い方をすれば、すべてを神と認

めることです。

25 人間を神以外のものと信じ込んでいる無智の大衆と真理

2000年前、人々がイエスに反対したのは、実にこの一事でした。イエスが自分自身を神と考えるとは、まさしく神への冒瀆《ぼうとく》であると、彼らは断じたのです。人間を神以外のものと信じ込んでいる彼らの催眠状態では、イエスの立場（その立場こそすべての人々の真正の立場なのですが）の神秘は、測れなかったからです。こうして、結局彼らは、この一事に反対したのです。

私たちにしても、悟っていない人々の前でイエスと同じことを言えば、すべての被造物の実相に関する全くの無智に汚染されている人々は、2000年前キリストに対してしたように、今日の私たちを糾弾するでしょう。しかし、もうそのようなことを気にする必要はありません。人の考え方をいちいち気にするならば、その限りにおいて、私たちは卑俗な地上の催眠術の虜《とりこ》になってしまうのです。しかしまた一方、目覚めた人は、世の不信の人々に対しては、そのような悟りを公然と言い触らしはしないものです。「我は神である」とはまた、「我は沈黙する」の意味でもあります。

26 三位一体とは聖霊、全我、創造霊

神を三位一体とする試みは、唯一者を区別する考えからきたものです。すべての要素を一つの要素、すなわち放射エネルギーに帰するならば、三者はまとまって一つになり、本当の三位一体（Trinity）、実在の一つの属性である三つ組（Triad）がまさに実現するのです。これが、完全なる働きであるところの、聖霊、全我、創造霊なのです。

私たちが聖霊に思いを致した瞬間、実は、私たちは自分の実存を生きて働いている創造霊として映写しているのであり、創造霊の働きとは、全体が全体のまま単一として働いているすがたです。あなた方に「聖霊が下る」時、あなた方の内外すべての動きが大原理〔神〕全体そのままの完全なる動きであり、その間、何らの相互分離や逸脱のないことを自覚します。それは元々は全一の動きであったのです。

聖書の原典には罪の償いという思想はない

27

「聖霊に対する罪」というのは実際にはありえません。**聖書の原典には罪の償いという思想は、何ら見当りません。人間だけが、勝手にいわゆる罪なるものを犯し、人間だけが犯されたその罪なるものを赦しているのです。**従って、地上の人の子には罪を赦す権限があるのです。聖霊に対する罪などあるはずがありません。なぜなら、分割できないものを分割したり、唯一者〔神〕の終始一貫の働きを分離することは、人間にとって不可能であって、表面分割し、分離しているように見えるだけです。

いわゆる王権神授説の淵源もまたここにあります。もし帝王が事実神授の権利を得ていれば、彼は誤りを犯すはずはないわけです。同様にまた、一般人にしても、その実相においては帝王であり、帝王として何らの誤りも犯すはずはありません。この帝王神授権は何も帝王、または一国民を支配している王族のみを言ったのではなく、何人であれ己自身を統制しうる人のことでもあったのです。人間が自分自身という王国を立派に統制した時、彼は帝王になったのです。人はすべて自らを神と知り、その神権を行使して、自分自身のあらゆる面を唯一の神の理念に完全に従わせた時、彼は帝王なのです。

28 憎しみが文明の退歩をもたらす

神が、ある個人やグループに語った場合、それをその特定の個人やグループだけに限って語られた、と解釈するのは誤りです。一個人または一国民に語ることは、同時にあらゆる人間、あらゆる国民に語っているのです。なぜなら、神は一つの血から、あらゆる人間、あらゆる国民を創ったからです。神は決して人の選り好みをする存在ではありません。

しかし、ここで見落してならないのは、**前記の偽りの解釈によって、人間が種族の神あるいは国家の神という考えを造り上げたことです。結局このことから宗教戦争が起り、国の中に異なる集団ができてしまいました。**ライマン・アボット博士の説によれば、正教会は、その憎しみにより、他のいかなる要因にもまして文明の退歩をもたらしたのです。

神の存在が教えられた最初の意図は、人は自分自身の実相及びあらゆる人の実相から出る光にこそ頼るべきこと、この光はすべて同じ光であること、神は何らの差別も区別もつけずに、あらゆるものに対し、あらゆるものを通じ、全く同じように神自身を現わし給うこと、にあったのです。この光を観じた瞬間に、人は直ちに完全なる意識となる、すなわち、神意識の中にあるのです。従って、そこには何らの分離もあるはずがなく、何らの分離もないが故にまた、教条や民族や国民の差別のあるはずもなく、従って闘争も戦争もあるはずがありません。

29 神我を出せば平安と調和が現れる

動物の死骸を奪い合って闘っていたジャッカルをエミール師が引き離したことが、『ヒマラヤ聖者への道』の中に出ていますが、その中でエミール師はこう言いました。「あなた方が見たのは、わたしという小我ではなくて、神我に他ならなかったのです。この神我が、あの業をなしたのです」と。エミール師の本意は、動物に対する恐怖がなくなり、神我を出せば、平安と調和が現れる、ということです。事実この二頭のジャッカルは、お互いに歩み寄り、闘う代りに完全な調和のうちに、その餌を分け合って食べました。

30

これが、あの野火の中を歩いていった私たちの経験の背後にある真理です。あの時、野火と私たちとの間に何らの不調和もないところまで、私たちは自分の波動を上げたのです、とは後で語られた大師方のお話でした。両者の間には、完全な調和と一体化があったのです。現実には、私たちは自分たちの周囲至る所に火が燃え盛っているのをハッキリと見ているのです。それでいて何らの熱さも不快さも感じないし、衣服も焦げません。

ごく最近、この体験がロンドンで、若いインド人のヨーガ行者によって、厳密な科学実験の下に再現されました。その写真が、アメリカのあるニュース紙に載り、有名なニュース解説者のエドウィン・C・ヒルが、かなり詳しくその件を扱いました。彼の解説を文章にしたものは、この教程を使っている教師方100名にも送られています。

31 生命と光が一体となる時、完璧な英智を得る

大師方の生活は、全く神の生活です。大師方はそのことを、「生命（生活）は光である」と表現しています。「私たちが光を現した瞬間に、生命が出る」。あなた方が神の生命を生きるならば、あなた方は英智を得る。そしてその英智は、完璧である。それは禁欲生活や隠遁《いんとん》生活ではなく、生命（生活）と光が全き一体となったものです。

32 プラーナという生命エネルギー

神らしからぬ状態に束縛されていても、ただそれを完全に手放すだけで、断ち切ることが誰にもできるのです。私たちは、それを子供の時から今日に至るまで訓練されてきました。ある不調和な状態が自分の周囲に入り込んでくると、私たちはそれを完全に手放した

ものです。

大師方は、時によると数百日もの間全く食べずにすませる場合があります。しかし、それでいていかなる点においても、束縛されることはありません。もっとも外観は何も食べていませんが、周囲にあるプラーナ、すなわち霊的質料（訳者注：根源的生命エネルギー）を食してはいます。このプラーナを摂取すると、それは同化されて直ちにかつ、完全に体を維持するものとなります。植物もこのプラーナを摂取し、人間はこの植物を食料にして、プラーナも同時に取り入れているわけです。しかし、人間の場合はそのつもりになりさえすれば、一般の植物や野菜よりも、プラーナを容易に直接摂取することができます。

33 大師の教えであるヴェーダンタ哲学

西欧としては、今さら聖書を破棄して、バガヴァッド・ギータを採用することは、賢明ではありません。西欧の世界にとっては、聖書はギータよりも重要なものです。なぜなら、私たちには、バガヴァッド・ギータが理解されないからです。しかし、また東洋人（訳者

注：主にインド人）にとってはバガヴァッド・ギータのほうが最良です。もっとも、西洋人でもギータを読めば、聖書の中の民話や、幾つかの誤訳を我慢したり、苦心したりして読み通す必要がなくなるので、有益ではあります。バガヴァッド・ギータには、このような類のものは、すべて除かれています。

一方、ヴェーダンタ哲学は、たいていの場合、大師方の教えの最良の解説でもあります。しかし、たいていの人は、まず易しい教えを受けた後に、ヴェーダンタによってそれを同化し、その後でヴェーダンタの教えに進んでいくほうがよろしいのです。

34 霊的問題を避けるな

西欧の人たちに霊的なことが理解しにくいのは、原理の意味が判らず、そのために、霊的問題を避けてきたからです。それどころか、原理とはある量的な未知のものです、と教えている西欧の哲学者の教えを主として受け容れてきたために、誤った方向に進んでしまったのです。

しかし、元々は実相の心では知っているのですから、正しい意味での原理を受け容れ、その意味を理解することもできるものです。仕事をする場合、私たちはその目標を受け容れなければならないのであって、そうでなければ仕事などするはずがありません。

35

あなたが受け容れられるなら、真理は常にここにある

自分中心主義・利己主義のまま、予《あらかじ》め筋書を立ててインドに行ったところで、一物も得られるものではありません。それはあなた方が、やはりそのままの心では、本書の課程や聖書、あるいはその他真理の説かれたものから、何ら得ることができないのと同じです。真理の中には前記のような態度と両立するものは、何一つありません。人はインドに持って行ったものを、またインドから持ち出すだけです。だから、インドに行く、行かないの問題ではありません。あなたが受け入れられるなら、真理は常にここにあるのです。

36 教えの真髄を我がものにするという決意をもて

聖書を学んでいようと、バガヴァッド・ギータを学んでいようと、インドに行くのが大事なのではありません。心にはびこるこのような混迷と、そのために生ずる混乱した状態を放下することこそ、大事なのです。人はバイブルに与えたものを、バイブルから受け取るのであることを、ようやく悟り始めています。その本の真髄を把《つか》んでやろうという決心こそが、その秘義を、ある程度まで、その人に開顕するでしょう。バガヴァッド・ギータにせよ他のどんな書にせよ、このような態度をもって接しなければなりません。もちろん、バイブルの中にあるものは、すべてバガヴァッド・ギータやマハーバーラタやヴェーダの中で、解き明かされてはいます。それは同書がバイブルの中にあるすべての智識の淵源だからです。

【講義指針】

1・2項　多分普通の人にとって一番理解しにくいのは、神が森羅万象の創造の大計画そのものであることでしょう。教師はこの点を強調し、人生におけるこの基本事実が各人に徹底するように習熟させていただきたい。人としての存在は、その個人のみの存在ですが、神は普遍的存在であり、あらゆる意識・力・愛・生命・質料の総計であり、単一意識体としての宇宙です。

3項　人間は、彼自身と宇宙体系との間に実存する究極の斉一関係から逃れることはできません。何故なら、人間はこの体系の一部だからです。宇宙体系の一産物である以上、彼の中には宇宙の諸勢力があるはずであって、彼が宇宙を何と呼ぼうと、その名と性質を、彼もまた等しく負わねばなりません。一筋の光は、12本、百万本、十億本の光条、否、それらすべてと同様に正真正銘の光です。

4・5項　**悟りの秘訣は何を学ぶかにあるのではなく、いかに学ぶかにあります。あることについて何を知っているか〔間接智〕、ではなく、そのことの何を体得しているか〔直接体得〕で差がつきます。**神を知ろうとして、神についての説明だけ読むのは、ちょうど自然を知ろうとして種子の大きさ・形・色・密度を分類するようなものです。自然を知るとは、そのすべてを知ること、その生長をあらゆる面に見ること、それを生み出す力をある程度実感することです。全く同様に、人は静けさの中で神を知らなければなりません。

つまり、神の身近さ、力、自身の本質の中で常に動く英智および実質を知りたいのであれば、いろいろと述べ立てるのを止め、神を感じるようにならなければなりません。これが、内なる教え、すなわち奥義です。

6・7項　4・5項に同じ。

8・9・10項　神がすべてのすべてであり、人が神の姿に似せて創造されたのであれば、人間は自分の意識を拡大させていき、神によって自分が創造されたままの状態〔実相の完全〕がいかに偉大なものであるかを知るようになるのが人間の成長であって、それ以外に、どんな方法で成長するというのでしょうか？

本当は、人は努力によって何かに到着するのではなく、すでに我が内にあるものを発見するだけです。要は、彼が一時に少しずつ自分の本質を発見していくか、それとも最初から究極の事実〔完全なる神我〕を発見するかにかかっています。この後者こそが、真実の道であることを、あらゆる時代の賢者方は言明しました。「我らとともに、神にして至高者の子らなるを、汝ら知らずや」との聖言が、人間をその始源、神の中に在って神とともに完全であるその本源に呼び戻しつつあるのです。

11・12項　人間がある意識状態にある場合、その反対の意識状態が思わず知らず現れる、ということはありません。一方、ある生き方をやめたからといって、これと反対の意識状態が出ることにもなりません。作為（意識的に行うこと）が、結果を生むのであって、非作為は生み出さないのです。まだ真理を知らない状態では、間違った生き方からは遠ざかったほうがよいです、だからといって、それだけで悟りに導かれるわけではありません。仮にあなたが幸福ではないとして、不幸らしく振舞うことを拒否したからといって、幸福にはならないでしょう。その反対に、事実幸福であれば、不幸らしく振舞うこともないし、また不幸らしくも映らないものです。この辺のことは、いろいろな方法で説明するとよい。

13・14項　健全性は、完全であるかどうか、完全な一群になっているかどうかで決まります。健全性とは、分離がないことを言います。健全な建物あるいは橋とは、多くの部分から構成されていても、これらすべてが結合して、単一体となっている構造物です。それらの部分がすべて分離していたら、健全な建物とは思わないでしょう。健全性と一体性は、同義なのです。健全な声とはこの場合、前課の健全な心と同じく、活動する、単一化された意識を言います。

自分自身を部分的な存在にすぎないと思っている時は、彼は健全ではなく、心が部分的にしか働いていない場合、彼の心は健全ではなく、真理の半分しか語っていない時、彼は健全な話し方をしていないのです。真理とは、神について忠実なるものを言います、なぜなら、神はすべてであり、同時に神は一つであるからです。

15項 あるグループ、ある民族あるいはある国民が、自らをある意味で神に直接つながる選民、または神にえこ贔屓《ひいき》される選民、特別の民などと称して凝り固まるならば、彼らは健全な民ではなく、その教えも決して完全ではありません。神は人を見るのではありません。あらゆるものが、神の創造の現れであり、そのすべてが、何らのえこ贔屓なしに神の中に包擁されています。

ある人々は神に選ばれ、他の者は神には選ばれない、ということはありえません。神はすべての人々を造り給うた、その故にすべての人々は神の選民です。すべての人間は、神の現れです。それは、すべての植物生命の形態が自然自体の現れであるのにも似ています。この事実の中にこそ、本質における平等があるのであって、この普遍的事実を私たちが悟り、それを外部に現わした程度によって、外部の平等も決定するのです。

16・17・18・19項 進歩は否定によって成し遂げられるものではなく、すべてのものを、その本源と合一させる習慣をつけることによってなされます。本源と合一すれば、すべてのものは本源との類似性を現し始め、外観にしても、本源に反するものは、ちょうど智識に出会った無智、光の中の闇のように、消えてしまいます。事実を扱うことが、空想を消す道理です。これに反して、空想を扱うことは、無を扱うことであり、何ものも完成されません。何ものかを成就するには、何ものかを扱わねばなりません。しかし、その「何物」は無より造り出すことはできないのです。

20・21項 あなたの顔が歓びで輝いても、悲しみで曇っていても、顔そのものに変りはありません。ただ、別々の事情によって、別々に現れて見えるだけです。肉体は、病んでいようと健康であろうと、それに関わりなく、明々白々に霊質です。従って、変える必要のあるのは、肉体の背後にある心の状態だけです。意識が拡大して、その本来の状態、すなわち、神がすべてであること、そしてまた、すべては一つであることを知るところまでいけば、肉体は自動的にそのような状態を現わします。その時初めて肉体は、神の言葉という光り輝く原質としての本来の状態に回帰するのです。

22・23項 実在の王国は、私たちの周囲にあります。この王国に移っていくために私たちがしなければならないことはただ一つ、その王国を遠いところであるとする私たちの観念を捨てることだけです。神のすべては、あらゆる人々の中に在り、人々を貫き、その周囲に実存します。かつ人間自身がこの神の全体性の中に包み込まれています。人間はこの事実をただ受け容れる他には仕様がないのです。それを受け容れ、それと調和して生きることによって、人はその事実に気づきます。

24・25項　原因と結果は一つであり、真理を知ることは直ちに自由となることです。神を健康そのものと知ることは、直ちに自分自身が丈夫になることです。神を供給と知ることは、直ちに受給することとです。何故なら、前者は後者を予想する、言い換えれば、前者は後者を含むからです。

26項　私たちは父なる神の家に帰る途上にあるのであって、そこから離れて他所に逸れているのではないことを、悟るようにならねばなりません。私たちは、斉一に向って進歩しているのであって、雑多に向っているのではありません。「見よ、我らの神は一つなり」とは、この帰りいく魂の歌です。

27項　本課の終りは自明ではありますが、指導者の気持によって、あるいはまたインスピレーションに従って、言い換えて詳しく説明してもよい。本課全体の要点は、人間を分離感に追い込んだところの人間が造りあげた思想や意見から離れて、実は人間が宇宙全体と一体であり、この全体に似ているのであり、無限の空間にあるすべてを我がものとすることができる、という自覚に入らせることとです。

第8章

人間は神の本源

1　人間は宇宙全体から引き離すことのできない一部

前課では、人間を除外して神の性質を研究することが不可能であったように、この課でも、さらに一層、神を研究せずして人間を考えることは不可能です。一方は片方を予想し、両者は切り離すことのできないものです。王国のない王を戴《いただ》くことは不可能であり、王のない王国を持つことも不可能です。被造物のない創造主を想像することは考えられないし、創造主のない被造物も決してありうるものではないでしょう。それはいずれも、物の二面に過ぎず、片方がなければもう片方もありえません。故に、人間は宇宙全体から引き離すことのできない一部なのです。

2　大師方の不変の思想

人間についての大師方の考えは、人間は初めからその本来の状態にあるのであって、常に活気臨々としていて、原理〔神〕の働き、すなわち、神の心の顕現の媒体である、ということです。大師方がよく言われることですが、「人、神を投影し、人、神と成る。神すなわちこれすべて完全の理念なり。神は選び給うも完全に遍在する」のです。この、例えば善悪の選択にしても、明らかに、人間の側の考え方から出てきたものです。人間は選択をしなければならないのですが、全体、すなわち完全なる原理、すなわちまた神霊の枠から外に出ることは、決してできない、というのが大師方の不変の思想です。その意味はもちろん人間はその本来の実存、すなわち本源〔神我〕から決して分離しているものではない、ということです。自分のことを決めるのは、他ならぬ自分ではあるが、その自分は、実は本来常に絶対的に原理〔神〕と一体であって、分離したものではなく、また、原理以外の何かに依存するものでも決してありません。

3 人は本源〔神〕の中にあり、常に結びついている

人間は、人間一個の存在としては、決して完全に独立した有機体になることはできませ

ん。何故なら、全体と結びついて、引き離すことはできないからです。自分を無限から疎外することが、どうして人間にできましょう。想像が彼の自己限定の唯一の原因なのです。それは全くの夢想にすぎません。本人の自由意志、すなわち選択の自由といったところで、その範囲はこの想像の領域を超えることはできません。何故なら人は、事実自分の本源〔神〕の中にあって、それと常に結びついているからです。彼はその妄想をかなぐり捨て、「避けることのできないもの」すなわち、全体なる神と一体であること、を受け容れさえすればよいのです。そうすれば彼は、直ちに宇宙体系の中における正当な地位を占めるようになるのです。

人は、王国の律法を成就する特権を有する意味においてのみ、王ではありますが、自分の王国の律法を無視する王は王位に永くとどまることはできません。王たる地位にしても、その従臣と同じように、王国の律法に服するのであり、かくて王も従臣も単一体を構成する単位個体であって、その上に律法が位置するのです。律法の結合・強制力によってのみ、王国は一個の調和体としてとどまりうるのです。

「人間よ、汝自らを知れ」

4

人間は三位一体です。しかし、この三位一体は、決して互いに引き離しうるものではなく、常に一体です。神人が判れば、人間の属性もすべて判ります。ギリシャ人はこのことを知って、次のようにそれを言い現しました、「人間よ、汝自らを知れ」。私たちは明らかにまだ、私たち自身、私たちの重大性、および神性を知り始めるに至ってはいません。神性とはもちろん、以下のことを意味します。すなわち、神人は、全体の一部であり、それ故、あらゆるものを知っているだけでなく、現れているすべてのもの、それ自身であるということです。

人間は三位一体

5

三本の線が結合して三辺を形成していながら、まとまった単一体となっていない三角形などあるはずがありません。三位一体は、単一体としての全体に依存し、一方その単一体は三位一体です。この三位一体たる人間を理解するのに、自分を解剖してみるのが人間の仕事ではありません。そうやって理解したつもりでも、それは三位一体ではなく、雑多でしかありません。人間は父なる神の家への帰路を進んでいます。この方向への前進とは、単一体としての自分、神の宇宙計画の中で占めている自分の地位が、他と比べて何ら差別のないことを発見することです。

6 全人類が神聖なる支配者に

人間が、神のようになるところまで自分の意識を改良することはいつでも可能です。王の神授権思想も、このことから発想されたのでした。しかし、本当のところは、自分を神聖なる支配者として高めるのは何も王にのみに限られたことではなかったのです。全人類が神聖なる支配者となるべきであり、王として、常に愛の表現、すなわち奉仕を忘れずに、君臨すべきなのです。

人は、自分自身の神性と一つになれば、必ず奉仕者となるものです。彼は決して、自分を他の者より高しとしません。もし彼が自己本位者であれば、彼は身を滅ぼし、その自己本位にしても永続はしません。人の王たる資格は、全体との一体感から出てくるのであり、自己本位は、自分は自分であって自分だけの自分である、という分離感から出てくるものです。ですからそれは、自己の実相という自然法に対する最大の侵犯であって、最も悲惨な結果をもたらすのです。

7 聖書の誤訳／「人間は神の姿である」とすべきだった

聖書は、「人間は神の形に造られた」と言っていますが、そこに翻訳の間違いがあるのです。「にて（in）」は取ってしまい、「人間は神の姿である」とすべきです（訳者注＝「人間は神の形に造られた」の英語原文は、man was created in the image of God であり、「人間は神の姿である」の英語原文は、man is the image of God となっている）。「にて」というのは、原本にはないのであって、まさしくここに正統派思想の重大な問題が浮き彫りになっているのです。そのため、正統派の人々は皆、神を人間の姿に造ろうとしています。こうして、人間に理解のできない、妙なものが出来上ってしまったのです。人間は自分自身のことは判ります。

もし人間が、神を全く自分に似ているが、ただ大きいだけの別の人間と考えるとすれば、人間自身とその本源との間にある真実の関係など、決して判るものではありません。しかし、人間とは「個別化した普遍的なもの」、すなわち「普遍的な神の属性が一人一人の人間となったものである」と理解するならば、初めて的を射たことになるのです。私たちが「に（in）」を取ってしまえば、人間は神の形そのものとなります。

まことに、「我は神なり」は、偉大なる言葉です。それは、人間にのみ言いうることです。形（image）や類似（likeness）という言葉は、古代サンスクリット語では「正確さ（exactness）」という意味です。原因と結果は、その名前も性質も常にお互いに入れ替えうるものです。それは、片方が本質的に他方の複写だからです。原因の活動が、結果の生命と形態になっているのです。

8

「あなた方は神を現すから神である」

以上のことが真実とすれば、何故イエスは常に、「わたしは神の子である」と言って、「わたしは神である」と言わなかったのか、とたずねる人々がいますが、全く無理もない質問です。しかし、これはイエスのいろいろな言い方の一つだけであって、イエス自身は、「わたしとわたしの父なる神とは一つである」と、言っています。それなのに翻訳者たちは、次の文章、すなわち「あなた方は神を現すから神である、だからわたしもあなた方に神を現わす」の意味を理解することができなくて、それを完全に削除してしまったのです。しかし、イエスは言われました、「わたしを見た者は父すなわち神を見たのです」と。

9

「わたしは神である」という悟り

「わたしは神である」という言葉が、古代の人々にとっては、口にすべきでないものであったことも、記憶しておくべきことです。当時これは決して声に出して言うべきものではない、ということになっていて、言うにしても、沈黙の中に、自己の魂の中においてなされたのです。かつまたそれは、ただこの(「我神なり」の)秘義を知っている人から、おのずと立ちのぼる権威と完熟と力の雰囲気の中においてのみ、なされるべきものだったのです。「秘かに見給う父は、公に報い給う」というのが、その基本的な考え方です。それは神という音無き実在の音無き名前であり、あらゆる被造物に普遍する内奥の真実なのです。

私たちは前の講話の中で、「我神なり」のもう一つの意味は、「我沈黙する」である、ということに注目しましたが、この「我神なり」は、人種・性別等を問わず、あらゆる人間に普遍する事実、すなわち人間の本質としての神性に対して、個人個人の本性の中において、沈黙の中に証言する、物言わぬ証人です。それはまたイエス・キリストなる聖名の中に秘められた名前〔すなわち、イエスとは、歴史上の人間の肉体につけられた名前であるが、イエスの実相は神であるから、その本当の名前は、（我）神（なり）〕であり、またおよそ息あるすべての人間に秘められた名前〔すなわち、現象的にはそれぞれの異なった肉体に種々様々の異なった名前がついているが、その実相は、等しく神なるが故に、その本当の名は、同じく、（我）神（なり）〕であり、その名前はまた、息〔神の生命、ラテン語の「霊」は元来「息する」の意〕であるのです。

言葉は天地のあらゆる力をもって語る宇宙の権威

10

「我神なり」と、口に出して言うことは神を冒瀆《ぼうとく》することと考えられていたので、キリストの時代の人々は、彼のこの宣言を、口にすべからざる神の名前をほしいままに自分につけるものだと解釈し、その解釈の故にイエスを罪と断じたのです。しかし、実はイエスは、神秘家の律法に忠実でした。イエスの言った多くの言葉から、その事実がうかがえるのですが、イエスはあからさまに「我神なり」とは言いませんでした。「汝の言える如し」とか、「然り」とか、「我を見し者は神を見るなり」などは、いずれも皆この事実を暗示しています。イエスが、その心中では、何を言ったにせよ、「我神なり」という真実を外部に洩らしたとは決して言えません。その根拠は、人間は彼自体が言葉であり、彼が宇宙に存在していること自体が、その雄弁な証拠であって、何もそれ以上おしゃべりする必要はない、ということにあります。

太初に言葉があり、言葉は肉となりました。人間が神の創造の中にその姿を現す時、彼は音や音節では発声することのできない言葉そのものなのです。なぜなら人間はそのままで完成した言葉だからです。もし、私が何者かである、すなわち何者かの生きる化身であるならば、その私によって表されている者は、すでに自明で、さらに自らを投影する必要などありません。このように自覚して発せられる言葉はすべて、天地のあらゆる力をもって語る宇宙の、権威なのです。

11 ア・ブラフムは「キリストなる子」という意味

このことが、「アブラハムの前に我は在り」との言葉の中に含まれています。なぜなら人間は、遍在なる神の、形をもった側面であり、過去から未来まで変らず、神の現れであるからです。イエスは、アブラハムという名前に関して、古いサンスクリット語の法則を参照しました。アブラハム（Abraham）は、ア・ブラフム（A-Brahm）、すなわち光、神を意味しているのです。

その後に、ダヴィデすなわち「光をもたらす者」、「全人類に光をかかげる者」、とマリア、すなわち「創造原理を教える師」がやってきたわけですが、それらはすべてア・ブラフム（Ah braham）まで系譜を辿ることができます。ア・ブラフムとは、人間は本質において神である、とのキリスト理念を世に示すために、すべての力が合体した者、すなわちキリストなる子、という意味です。

12

「汝自らをもキリストの中に含めよ」

普遍的人間〈神我・実相〉と個別的人間との間に区別を立ててはなりません。そのような差別ができるものではないことは、球体の円周と中心との区別がつけられないのと同じです。これが、たいていのトラブルが起きる原因です。人間を分割することはできません。人間は一者であり、神と一体なのです。「わたしと父なる神とは一つである」とは、イエスの言われた真理の言葉でした。イエスはさらに一歩進んでこう言われたのです、「汝ら祈る時は、神なるキリストに祈れ、しかして汝自らをもキリストの中に含めよ」。

13

信徒大衆と僧侶の区別なし

大師方は、神と人間とについて話すことなどしません。神と人間を、いつも一つとして考えているからです。両者にはいかなる種類の分離もありません。僧侶と信徒大衆、というような、別々のものはありません。信徒大衆も僧侶も全部一体なのです。

原理を説けないダーウィンの誤り

14

ハクスレーやダーウィン、そしてその種の人たちは、「死すべき人間」について諸々の証拠をあげて、その人間としての、否、動物としての起源を確立し、あわよくば神の創造説を覆そうとしました。しかし、大師方の姿勢は、人間を神性とするものであって、人間は神の本源とし、いかなる方法をもってしようと、未だかつてその神性から切り離されたことはない、というのです。

ダーウィン、ハクスレーの両者は、いわゆる証拠のお膳立てはしたものの、そこには何ら本源がなく、結局それが彼らの失敗の原因だったのです。彼らはその証拠なるものを、一貫して原理まで系統立てることに完全に失敗しました。ダーウィンの最後の言葉が、「私たちが築き上げてきたものの先には依然として原理が残っており、それは私たちにとって、一つの神秘である」でした。原因のない結果はなく、原因を考究せずに結果を理解することは不可能です。

自分に対する啓示／彼にできることなら、自分にもできる

15

だからこそエミール師は、「あなた方も、本来はこれらのことをわたしと全く同じようにた易くできるのです」と、全く子供のような純朴さで語ったのです。すべての自己本位を捨て、大いなる悟りと業とをイエスがなした所以もまたここにあったのです。まことに、「これらの、しかもなお大いなることどもを、汝らもなすべし」です。

16 大いなる原因である原動力

神や同胞より断絶した孤立の存在としては、人間は何事もできません。「われ自らにては、何ごとをも為し能わず」と、イエスは言いました。孤立した意味では、人間は、全くワイヤーからトロリーの外れてしまった電車のようなものです。彼は、すべての現象形態の奥に在る、大いなる原因である原動力をすべて失ってしまったのです。

原因としての行為は、何かを造り出す動力であるだけではなく、結果そのものでもあります。人間が前進し続けうる唯一の方法は、まず最初に人間を現象界に映し現したもの〔神〕と接触を保ち続けることです。

相違は外側にあるだけ

17

今日までのこの調査旅行で、私たちはそれぞれ容貌も慣習も大いに違う種族にたくさん会いましたが、大師方は、彼らの意識はすべて一つであると見ています。もし私たちが彼らを、意識が異なるためにいろいろな違った姿や習慣を取るのだと考えるならば、私たちは唯一者〔神〕からの分離感を根付かせてしまいがちになります。相違は外側にあるだけであって、すべてが同一の内部理念、すなわちキリスト、すなわちまた、各人の神我（I AM GOD）によって、動かされているのです。

外側の見せかけの差別の虜になりたくなければ、我々はこの点からこそ、すべての人の評価をなすべきです。この内なるものが外になった時、外側の相違もありえなくなり、従って争いも欲張ることも戦争もなくなるのです。種子や球根にはたくさんの種類がありますが、それぞれ完全に生長し、切ってしまえば、全体が一つの調和する自然となっているのです。

18 生まれ変りもカルマ（因果）も卒業する

大師方はまた、この観点から「生まれ変り」を観ています。**生まれ変りなど不要であると、大師方は言っています。それは、人間の仮定にすぎません。**部屋の中心に灯りを置いてあるとして、その灯火に届く最善の行き方は、そこへ真直ぐ行くことである、とも大師方は言っています。何を好き好んで次から次へとその周りをウロウロ回る必要があるでしょう。その光に真直ぐ行ってそれを取り上げ、自分が光になってしまえば、生まれ変りもカルマ（因果）も完全に卒業してしまうのです。

人間を「輪廻の車」に縛りつけるのは、彼自身がこの中核の光、すなわち生命の実相に素直に行かぬ失態にすぎません。もし彼が、この中核の真理、すなわち、世に生まれ出るすべての人を照らす光（神我）を受け容れるならば、彼は成功を収め、ぐるぐる周りは終焉《しゅうえん》を告げるのです。

「真理は汝を自由にする」

19

人間が大師の生活、すなわち自分自身の主となる生活、本当の内なる神我を生きるならば、人間の心を悩ますこれらの大問題は、すべて克服されるのです。「真理は汝を自由にする」とイエスも決然と言い放ったではありませんか。否定的な思想を受け容れることを拒否することによって、人間が神ではないという思想を除き去ることができます。

「我神なり」との宣言を、秘められたる事実として、自分自身の心の中で習慣的に持ち続けていると、自分は神なんかではないんだ、という否定的な思想から解放されます。何時も非真理よりは真理を述べたほうが良いに決まっています。

受け容れるだけでいい

20

"I AM"を分析するあなたの能力こそが、神性を示す、直接の霊的証拠なのです。もし分析する能力がなければ、あなたはそれを分析できなかっただろうし、分析してみようという気持さえ起らなかったはずです。従って、神性を否定するような思想や言文などに構わず、初めからあるこの神性を受け容れ、自分がこの神性と一体であると受け容れるだけでよいのです。分析することや、形式的なことだけをどうのこうのとあげつらう努力のすべては、あげつらっている対象から人をいよいよ遠ざけるものです。

例えば、機械などでも、まずその機械を造り出すのが先であって、説明はその後です。にもかかわらず、まず初めに造ってもいない機械の分析からやろうとする試みは、すべてその不可能なることを示すだけです。人間の物質的な進歩の面においてさえそうであるのに、ましてや現在の人間理性の体系を全く超えた霊的事象においては、一層然りです。

飛行機などは、現実にそれが空を飛ぶまでは、それが可能であるとは、世界は決して認めませんでした。当時としては、それを分析してみたところが飛べるはずがないとの答えが出たものです。ところが現在では、飛行機がいかにして、何故、そうであるかには無数の説明の仕方があります。まず事実が先行し、説明はその後でよいのです。

21 自分自身の実相にまだ目覚めていない人へ

もしある意味であまりにも用心しすぎて、自分自身の実相にまだ充分に目覚めていない人には、このような神我の真理を聞くと、人間の神性を盲信して、それにしがみついているようにも思えるでしょうが、そんなことをする必要はありません。しかし、仮に盲目信仰でそれを丸呑みしてみても、やはりそれは神から分離したことになり、目標には到達しないものです。従って、一応「わたしは……ができる」と言っておいてから、「わたしはその……である」、という受け取り方をするほうが、盲目信仰よりは、遥かによいのです。

「わたしはできる」は可能であるという事実であり、「わたしはそうである」は、すでに心の中でそれを完成したことになります。故にイエスは「我は道なり、真理なり、生命なり」と言ったのです。人はそうでないものに成ることはできないし、現にそうであるもの以外に成ることもできません。もし、いわゆる何かに成れるのなら、実はあなたは本来その何かなのです。だから本当は、「成る」(becoming)のではなく、「すでにそうである」(being)のです。

何かのことで「わたしにはできない」との態度を取る以上は、あなたはすでに神・実相からの背離を受け容れてしまっているのです。人は罪と妥協することはできません、「事実から乖離していながら、事実を表現することはできぬ」とイエスはおっしゃいました。

22 在るべきものは、本来すでに在る

石をパンに変えてみよ、とサタン(悪魔)に言われてイエスが考えてみると、石はその前からすでに地上に現れ存在しており、一方パンのほうは、イエスが手を差し出せば、手の中に出現するのである以上、何もことさら石をパンに変える必要はない、とお悟りになったのです。

「在るべきもの、成るべきものは、本来すでに在る」のが大師方の教えです。イエスにパンが必要であるのなら、イエスは何もパンにかかずらう必要はなかったのです。パンが必要である以上、パンはすでに在るのであって、なすべきことはただそのことに対して感謝するだけであることが、イエスは判っていたのです。

23

もし何かがすでに存在しているのでなければ、それを必要とすることは不可能なはずです。もし空気が存在しなければ、空気を必要とすることができるでしょうか？　必要だと言うのは、その対象が存在する事実を示すものです。その際、人のなすべきことは、ただ欠乏感を放下して、必要とすることの中には、すでに必要とするものが存在している事実が暗示されていることを受け容れるだけです。

在るべきものは、本来すでに在るのです。このことは、肉体の存在に伴う諸々の制約にもあてはまります。肉体の制約は、完全に心の催眠によるものです。それは実際には何らの根拠もありません。肉体とその制約が存在するのは、実は人間が物質感を起したからであって、ことさらに肉体を現したからではありません。この「死すべき」肉体は催眠術にかかった体であって、いったんこの催眠状態から目覚めてしまえば、それらはすべて一夜の悪夢でしかありません。そして二度と夢見ることはありません。もし彼が、何の制限もない、長い間の夢であった栄光輝く光体としての霊的体が必要だという感覚がするとすれば、それは、彼の本来の完全に目覚めた状態が、彼の心の中に影を差しているからです。

想念と言い、必要と言い、欲望と言い、その状態、その対象がすでに存在している事実を証明するものであって、彼のやることは、ただその存在を認容するだけです。この理念の状態が、人間の本領なのです。

24

人間が勝手に物質性をつくりあげている

肉体をことさらに霊化する必要はありません。肉体はすでに霊的なものであって、霊的なものと思えないのは妄信によってその光輝と自由に対して、心が閉じられているからです。霊はつねに霊であるのです。人間が勝手に物質性をつくりあげているのです。ただ一つの体があるのみであって、その体とは、すなわち霊的なるものです。それは生ける神の寺院であり、神は、この寺院にいらっしゃいます。すべての人々を、神の御前で歓ぶままになさい。もしこの体を物質と称する者あれば、その人は神を否定し、神の寺院を冒瀆しているのです。この体や、その他何にせよ、真実の状態を物質的と称する者があれば、彼は神を否定しているのです。彼は神を崇《あが》め拝する以上に、物質的状態を崇拝しているのです。神を否定した瞬間、彼は催眠に陥ったのであり、体を物質的なものと見た瞬間、彼は催眠状態にあり、その状態の中で神を否定しているのです。

25 唯一の存在、唯一の力を理解する

体は神を表現する手段であって、人間が知っている神霊を表現する手段としては、最大最善のものです。ただあなたのためにのみ、各瞬間ごとに神を表そうとして、体がここに在るのです。それは、物質性・催眠現象・心霊現象を現すためではなく、こけおどしをかけるためでもなく、実に神のみ霊《たま》を表すためなのです。

私たちは神です。私たちは一寸でも神から離れるわけにはいきません。私たちが神から

離れることをすべて拒否するならば、私たちはすべての物質的状態や心霊現象から解脱するでしょう。このようにして、人間は唯一の存在、唯一の力を理解するようになるのです。

すべては一つであり、一つの力、一つの実在があるのみです。あらゆるものが、この一つの力、一つの存在のもとに、それ自身の法則に従って作動しています。それ自体は、他のどのような思想にも汚されることなく、それ自身永劫不変のまま、それ自身の完全なる領域において、動いているのです。

26 すべては調和の下に集合している

人間の霊と宇宙霊、すなわち至上霊との間に、何か差別を設けたりすることはできません。すなわち両者を引き離すことはできません。「それは神という原理を引き裂くことである」、とイエスは言われました。この世界には一般化されたものがあって、その下に人類の各人が、それぞれの働きをしているわけですが、しかしその一般化されたものは、普遍的な構成単位（Universal Units）の集合なのです。各人は、それぞれに独自の存在ですが、一方で、この普遍的構成単位の集合の下では一つになっています。個々の人間についても同じことが言えます。すべては一つであり、何ら違いはなく、同じ調和状態で働いています。そうして、常に調和の中にあります。調和から分化しているのではなく、調和の下に集合しているのです。

27

天才とはいかなる制約も受けないこと

神人は天才です。それは、キリストが現れ出た姿であり、人間が、いかなる制約も受けずに、忌憚《きたん》なく神を顕わした姿です。子供たちの中に、時としていわゆる異常な天才振りを発揮する者がいますが、これは、彼らの周りの人たちの持っている限定思想によって催眠されたことが一度もないからです。もし、この子供たちが催眠的魔力から逃げおおせることができれば、彼らはその地上での一生を通じて天才、すなわち神我であり通せるのです。そして、世俗的なことを体験することはなく、自らの普遍性と、キリストなる自己を常に体験するのです。

28 すべての人が大師である

大師即真我、となることこそ、私たちの不断の大事業です。東洋の大師方は、アメリカには実に1億3000万人の大師がいると言っています。ということは、アメリカ人一人一人が、実相において大師であるということです。これはもちろん全世界にあてはまります。大師方から言えば、これは世界的なものなのです。然り、各人が大師なのです。人間の現在受けている制約さえ大師方にとっては、その人が大師である証拠なのです。なぜなら、大師のみが自分を大師でない像に見せかけることができるからです。

29 人はみな王／原理に従って生きる人

原理の最も大いなる権化は、世界の人々がよくいう救世主です。「見よ王を」という歓呼は、人間は本来原理に厳密に従って生きるものである、という意味であって、自分たち以外の誰か偉い人が来るというのではなく、厳密に原理に従って生きる人という意味なのです。そのような人々を、人によっては救世主あるいは天才ともいうわけです。そのような人は、ただ各人の王たる資質を現しただけなのです。彼のみが、自分の実相が本当の自分であると受け取る勇気と自信を持っていたのです。

「王に誤りなし」であって、何かよくないことが心の隙に入り込んだ瞬間、彼は自分を王以下のもの、自分を神性以下のもの、と受け取ったこととなり、自分自身を支配者たる王以下の者に貶《おとし》めたのです。王は、大師、天才であり、本来の自己を表現します。彼の本性こそが、彼の王国なのです。彼は自分自身を統治します。なぜなら、彼は自らの王国の内にあるからです。

天国という王国は、内にあります。また、彼が王であることは、すべての人たちへのメッセージにもなります。そのメッセージとは、彼だけが王であるということではなく、あらゆる人が自分の王国に君臨する王であり、自己と、自身を取り巻く環境の、主だということです。なぜなら、私たちは実際に生きているからです。つまり、私たちは、自らありのままに、そして周りのすべてがありのままの姿を現す世界に、生きているからです。これが王たる彼の、他の人々に示す「道」です。言い換えれば、彼の生き方が全人類にとって生きる道となるのです。

大師の生活が真理の証

30 王がこの地上へ出現したり再現したりするのは、その霊的発達状態によるのではありません。なぜなら、彼は完全なる霊的状態そのものだからです。彼はすでにあらゆる発展段階を終え、常に神霊と一体となっているのです。発展というのは、もともと人間の考え方であり、人間の側の理論です。大師方は、太初より神の姿として自分が造られた状態、無限すなわち神性の具現者であることを、素直に受け容れているだけです。

31 これらの英智の光を得た魂、すなわち大師方あるいは救世主方の教えは極めて簡明であるため、本などは書きません。I AM については、何も言うことも書くこともありません。何故ならそれは、それ自体で完全だからです。この方々の生活自体が啓示であり、啓示された生命の書であり、巻物のようにも開かれて、それ自身の実情以外には、何の証言をも要しません。

梯子を上って頂上に着いてしまえば、もう段は不要なのです。段はそこへ導いてくれる教えにすぎません。頂上に着いてしまえば、段も一緒に引き揚げるまでです。だから与えるべき教えは、もうないのであって、後はただ生命即生活の事実、あるがままに示す生命の真理があるのみであり、それは常にそうであったし、また今後も常にそうであるのです。

人間が教えたり書いたりしているところの悟りに至る手段・楷梯は、本人がどの程度に諸々の虚妄を放下したかを示すものです。しかし、それらの虚妄を一つ一つ放していくよりは、一遍に全部放下したほうがよいのです。なぜなら、大師方が言われるように、「自分がそこにいると思うことは、実際にそこにいることである」からです。

【講義指針】

1・2項により私たちは、万物が永久に一体であること、及び神と人とのあいだにある、引き離すことのできない関係に戻ります。この点は、いくら強調しても強調しすぎることはありません。なぜなら、正覚を得た方々は、神と人間という別々のものはない、ただ神があるのみである、と常に教えているからです。人間は無限者の中において、無限者と共なる単一体であり、かかる単一体として、自らの中に無限なるすべての諸勢力を持っているのであり、無限なるすべては、彼のものとなりうるのです。人間は宇宙の中において宇宙とともに一体です。

3・4・5項　人間は宇宙における独立した有機体ではありえません。なぜなら、彼の全存在は彼の根源〔神〕に依存しているのであり、彼の大師たる資格も、彼が宇宙の中にいるからこそあるからです。これが父の家に帰る放蕩息子であり、この父の家で、彼はその根源〔父なる神〕と親子、一体の続柄として住みかつ暮すのです。彼は自分独りの力では、何者にもなれないのです。

6項　諸王の神授権、すなわちまた人間の神性は、宇宙における彼の地位から生じる力を発揮することにあるのであって、他人を支配することではなく、万象を支配する法則の下に、自分自身の王国の中で、自分自身を支配することなのです。「**一都市を略取する者よりも、自分自身の魂を制する者こそが偉大である**」。主人とは、内側を統治する者のことです。主人は、自分が主人であることを言い触らしはしません。キリストは、自分の神性を見せつけようとはせず、むしろすべての人々に、彼ら自身の神性をよく悟らせようとしたのでした。

7項 人間は、神性原理の権化です。言い換えれば、宇宙が個別化した者です。人間とは、人格的神、すなわち、普遍的にして非人格的な存在〈神〉が、体を具《そな》えて現れた者です。

8・9・10項 「我神なり」との悟りは、人間が彼自身〈神我〉について持ち合せている五官に属するものではなく、至上魂から投影された理想人間に属するものです。従って、賢者は俗人に対して「我神なり」と公言したことなど、全くありません。賢者方は、ただ自己自身の内部においてそのことを覚知し、神の前ではそれを認めましたが、大衆の前では、自分自身が事実の現れとなることで、自然と彼らに判るようにしたのです。これが、「契約の櫃《ひつ》」、すなわち、創造者と被創造者との間にある秘められた関係を黙って受け容れることです。

11・12・13項 ブラフムは神の別名であって、一個のブラフムは一柱の神を意味します。人は個別神である前に、普遍神であったのです。なぜなら、前者は後者に依存しているからです。二者は一にして同じものであり、常にそうであったし、また今後も常にそうです。「我常に汝らとともに在り」。

14項　人間を物質的な立場から説明しようとしたところで、できるものではありません。なぜなら、物質から知性は出てきませんし、その知性にしたところで、霊にまで到達することはできないからです。霊が因であって、因自らの創造したものに対し、因自らが想念し、存在する力、すなわち表現する力を与えているのです。いかなるものにせよ、霊、すなわち究極因、の表現である他にありようはないのです。

15・16項　他の人々は、いろいろな力があるのに自分にはない、と決めてしまう習慣は、結局人間をいつまでたっても自分自身の主となることを妨げる悪習慣です。「彼にやれることなら、自分にだってやれるはずだ、彼に潜在する力は、みんなにだって潜在しているんだ。ある人がある高さの境地まで到達したということは、自分にもそこまで到達できるという、自分に対する啓示なのだ」――この考え方を常に持たねばなりません。彼は自分の中にも本来あるもの〔実相〕を成し遂げ、あるいは顕現したんだ、という考えで常時いなければなりません。

17項　すべての人々を、同じ潜在資質の現れと見ること、すべての人々をキリストと見ることは、すべての差別を瞬時に解消することになります。なぜなら、同一のものに対して等しいものはお互い同士でも等しいからです。これこそが、地上に平和と善意を確立する新秩序の秘訣です。差別感の中からこそ、貪欲も闘争も出てくるのです。

18・19項　地上におけるこの右往左往は、全く的外れであり、その原因はすべて根本問題を避けているためであることを、私たちは一度きりでもよいから、悟ることはできないのでしょうか？　生〔人生・生命・生活〕の中核である真実〔神我〕を受け容れることは、この真実以下のすべての考え方や、道行きから全く解放されることです。到達してしまえば、到達するまでの道行き・過程からは解放されてしまいます。故に、人間はその生を根元から、すなわち神から始めなければなりません。

20項　人間は、いったん考えたことは、自分で成し遂げうるものである、というのは古くからの金言ですが、実は、これにはそれ以上の意味があるのであって、人間は自分の考えている通りのものであるというのが、その奥の意味です。すでに事実として存在しないものを考えることは、すでに空気がなければ呼吸することが不可能であるのと同様に、不可能です。人間の素質としてさまざまな機能がありますが、この機能自体が、実は、その機能の対象となる事実がすでにあることを示すのです。

例えば、人間の素質の中には要求がありますが、供給がすでに先になければ、この要求が人間の素質の中にあるはずはありません。そうしてこの供給は、神の性質として完成している事実〔実相〕です。事実が人間の欲望に先行します。なぜなら、欲望とは、その対象となる事実とその事実が存在することを認めていることだからです。

21項　用心深さは物事を遅らせます。大胆さは、事実を扱うに当っても、無思慮にはなりません。大胆とは、他の人の生においてすでに事実として証明されていることは、自分の場合にも等しくあてはまるのだと、ただそれを受け容れるだけのことをいいます。

22項　一つの形態や状態を、他の形態や状態に変える必要はありません。なぜなら、その「他の形態や状態」はすでにこちらのほう〔実相の世界〕にもあり、前者の形態や状態と同じように、後者の場合もまた本物だからです。この真理を知ったら、すべて実相の世界で物事をなし、常に他の真似をしようとはしないよう、心を訓練することです。2プラス2は4であり、3プラス3は6であって、一方を片方に変えてしまおうとする必要はありません。

23項　前項の真理の続き。

24項　皆さんは、自分の体を変えようとしたり、世界を変えようとするのではなく、ただ実相を認識し、物事すべてに関するすべての虚妄の観念を棄てることです。

25項 肉体は、すでに生ける神の家です。故に両替屋、相対的な値打しかないものの商売人、個人の利得の考えなどは、肉体から取り除く必要があります。そうして万軍の主、王の王（神）を意識の中に招じ入れ、肉体を通じて、その本領を顕現するようにしなければなりません。

26項 は説明するまでもなく明らかでしょう。

27項 大師と言い、天才と言い、神人と言うも皆同一で、その人が、人類の経験から出た見解を超越した、真実の人間であり、本当の彼自身となっていることを意味します。

28項 人間がなすべきことは、神我となること以外にありません。なぜなら、神我が現れれば、人は完全なる世界に入るからです。その後、人は永遠に多忙となります。というのも、この時はじめて、人は本当の仕事に着手するからです。

29項 各人の神我は、彼自身の存在の化身、救い主です。人は、自らの救い主を受け入れ、神我とならなくてはなりません。

30項 29項の続き。

31項　神聖なる状態に達した人間は、生命の書です。この書は、全人類に巻物として公開され、その封印は破られます。こうして、ありのままの彼が現れるのです。

第9章

久遠・常在・無量なる生命

生命に対する純粋な考え方

1

「大師方のライフ（Life of the Masters）」という場合のライフは、生命そのものを指すと同時に、大師方の生き方を指します。彼らは、ありのままの生命を生きています（訳者注＝Life of the Masters　というのは、英文のタイトルである、LIFE AND TEACHING OF THE MASTERS OF THE FAR EAST の一部抜粋となっている。つまり、ここではタイトルの意味を説明していると考えられる。ただ、日本語版のタイトルは『ヒマラヤ聖者への道』であるので、このことが判りにくい）。生命とは、唯一原理〈神〉の活動であって、その本源〈神〉から、分けることも離すこともできないものである、というのが大師方の、生に対する態度です。大師方はこの原理に忠実に従って生命を生きており、かくしてすべての人々に、この生命の原理に忠実に従って生きるように、身をもって道を示されているのです。

大師方にとって、生命は生存の一理論ではなく、現実の事実、始めなく終りなき事実なのです。各人は、生き方に対するこのような純粋な態度を持つようにならなければならないのであって、そのような態度はまた、生き方に対する、純粋な考え方からのみ生じるのです。

生命とは、人間各個人を通じて表現される神である。言い換えれば、「人間各個人は、生命の顕現する最高最選の径絡である」と大師方は言っています。かくして、生命は個々の人間を通して、その他の生物よりも一層精選された、一層完全な形態を取って表現されるのです。

2 生命の本領を最大限に発揮する

大師方は、ありとあらゆるものの中に、ありとあらゆるものを通じて、唯一の大生命が放射しているのを見ています。事実、およそ存在しているものはすべて、この唯一大生命のエッセンスそのものです。人間だけが、生命表現の手段でしかないところの形態〈すなわち、肉体・外形〉が出生した時に、初めてその生命が始まったと決め込んでいますが、実際には、生命はその形態以前に実存し、しかも、その形態を造り出してさえいたのです。

形の出現は、形の始まりであって、生命の始まりではありません。生命は形態の出現以前に常に実在してきましたし、今後も常に実存していくのです。もし私たちが、ある特定の方法で、生命を選び出し、評価するならば、生命を厳選された形で表すことができるでしょう。生命それ自身は、止むことなく、何らの制約も受けず、自由に至る所を流れるのです。従って、私たちはこのような生命力を選び出して、いわば堕落した方法で使うこともできるわけで、そうすると、その生命はその本領を最大限に、あるいはその最大の可能力を発揮することは、どうしてもできなくなります。

そういうわけで、人間は生命をそのように使うこともできますが、しかしそれはその本人あるいはグループの罪であって、生命そのものの罪では決してありません。生命は、その本然を発揮させれば、大原理のすべてを知り、すべてを見通し、すべてであるところの働きなのです。私たちが、もし生命のあらゆる属性を自分の中に完全に貫流させるならば、私たちの生活は、おのずからにして、生命本来のこれらの状態〔属性・働き〕の、完全なる表現発揮とならざるをえないのです。

3 自己限定しない

生命をあるがままに受け容れるならば、肉体は呼吸するところの生きる全一体となり、生命をその最大限度まで表現するようになります。それがそうなっていないのは、人間自身が生命に課している制約に原因があるのであって、自分からあの手この手で、制約をしているのです。しかし、本当の「手」は、ただ一つあるのみです。すなわち、生命を最大限度に表現することです。

4 人間が最大の業績をあげるのは70歳

インド人が人間の寿命を70歳と考えているのは、この年齢が、人間の最大の業績をあげる時期だということです。人間は70歳にもなれば完熟すべきです。言い換えれば生命の真実義を最大限に悟得すべきです。また、人間はこの完熟までの期間の5倍は長生きすべきである、とも彼らは言っています。ところが、西洋ではこのことが見失われています。

5 寿命を限定しない

しかしまた、人間はこのような時間の長さにも限定されてはならないのです。事実、時間は何ら人間を限定するものではありません。70歳までも生きたのなら、同時に全生命、すなわち生命のあらゆる状態を生かし切っているべきです。それは何も、生命を限定することではありません。5倍というのも、決して限定ではありません。何故なら、望みであれば、五千倍にだってできるからです。ところで普通、人間は70歳に達してからは、もっと霊的方向に沿って物事を考え始めるものです。この傾向は40歳から芽生え始めてきます。

過去を忘れよ、己自身を未来に投入する試みを止めよ

6

イエスが、「生のさ中にありて、汝ら死の中にあり」と言われたのは、人間はいつも死に直面しているものであると、人々に警告したのではなくて、人々が生きているには生きているが、生きていながら、その中に死の状態があるのをご覧になって驚かれたことを言い現されたのです。

人は、生命をその本来のあるがままに生き、本来の像を受け容れさえすればよいのであって、それを年数や物質的基準で計る必要はないのです。人間はこの真理を認めさえすれば、今ここにおいて久遠の生命なのです。生命は何か向うからやって来るものではなくて、実に今この瞬間にここに実在し、その中に人は生きているのです。

それなのに人々は、過去や未来に生きようとして、今ここに実在している生命から自分自身を引き離しているのです。過去はすでに死に、未来は久遠の今の中にのみ生まれます。無限空間に満ちる全生命が、まさにこの瞬間に動いており、誰でも望む者は、この生命の水を自由に飲むことができるのです。**永遠に生きようと努力する必要すらありません。何故なら、いやしくも生きている以上はすでに久遠の生命の中にあるからです。過去を忘れよ、己自身を未来に投入する試みを止めよ、何となれば、「今」のみが唯一真実の時なる**

が故である。あなたは「今」すでに久遠の中に在るのです。

サンスクリットの37は永遠を意味する

7

通説によると、大師方はたいてい37歳という若さで悟りを得る場合が多いということですが、そのような制約があるわけではなく、あるとすればそれは各人が課したものです。サンスクリットでの37は、永遠を意味するもので、それは37あるいは7で一オクターヴになっているので、何回でも繰り返すことができるからです。だから、必ずしも年齢を言っているのではなく、普遍生命、あるいはその本当の霊的表現への個人意識の拡大を言うのです。

覚醒とは誤った考えが意識から締め出されること

8

人間の覚醒は、年数で決まるというわけではありません。覚醒とは、単にその人の中身が成熟し、この魂の成熟によって、他人から与えられた考えの多くが力をなくす、ということを意味するにすぎません。膨らみゆく蕾《つぼみ》が、自らを包んでいた葉を押しのけるように、誤った考えは意識から締め出されます。こうして、内なる個性が現れるのです。年老いて人が子供のようになるのも、新しく再び幼児期に戻るのではなく、天国に入ることのできる子供になることなのです。

生命は年数ではなく同期で動く

9

我が国の科学者たちは、「人間の肉体が70年以上も生きのびることはない」と言っています。ところが、細胞は7年ごとに完全に新しくなります。といっても何も生命に限定を加えるのではありません。何故なら、生命は年数ではなくて周期で動くからであって、周期は限定することはできないものです。

周期には本来始まりもなく、終りもありません。それは自己完結の永遠の過程であり、周期を現じているもの自体の中で進行している、永遠の更新過程です。生命は七では終りません。否、生命には終りはないのです。生命は永遠です。およそ存在しているもので、生命を持たぬものはひとつもありません。惑星もまたすべて生きているのであり、ありとあらゆるものには生命があり、岩にも生命があるのです。

10 「老化」は人間の観念の押しつけによるもの

私たちが、生命を忠実に、無限かつ自然に表現するならば、私たち自らが私たち自らの書となり、師となるのです。また、肉体の全細胞が7年ごとに更新されることをよく把握するならば、生命の可能性を現実化し始めるはずです。生命の過程が展開するにつれて、自分の心も常に更新するなら、生命もまた周期から周期へと連続して働き続けることが判り始めます。木自身が、若かろうと老いていようと、その蕾は、つねに若いではありませんか。つまり、蕾は蕾自身の中に、完成した木を持っているのです。人間のほうで、年数という制約を押しつけるのでない限り、木自体が老化することはありません。

およそいかなるものでも、「老化」というものは、この世には存在しないのであって、老化するのは、人間がそういう観念を押しつけるからです。人間はすべてのものを支配する権能を与えられている、と聖書は教えています。生命は年数で計りうるものではありません。だからそのような企てはやめるべきです。生命はただ生命によってのみ計りうるものであり、しかも生命は久遠・常在・無量です。生命は宇宙と呼ばれる全組織の生命活動、すなわち神です。人間は自分の便利のために時間を刻んで時間に限定を付した形になっていますが、このような刻み方は、決して生命や時間そのものを限定しうるものではありません。ただし、人間の可能性のうち表面に現れたものは別です。

11 時間という限定／人間の便利のために時を刻む

多分この表面に現れたものだけが、死の認められる唯一の面、唯一の状態でしょう。「死者をして死者を葬らしめよ」とキリストは言われました。真人は時間に対していかなる限定もしません。俗人のみが、そうするのです。私たちは時間を置くこと、すなわち、人間の便利のために、時間をいろいろに刻むことによってのみ死すべきものとなる、すなわち肉体に入るのです。私たちは、今日まで私たち自身と自分の本当の状態〔実相〕との間に大きな仮定の世界、大きな障壁を築き上げてしまい、しかもこの障壁を乗り越えることのできぬものと観じるように馴らされてきました。そのために、私たちの科学者たちのうち、多くの人が生命は不可知であり解決不能であると言ってきました。障壁を立てた以上、それを解決することのできないのは当然です。

12

大師の生活はただ奉仕あるのみ

大師方の生活は、世間でのいわゆる「儲かる仕事」には該当しません。そのような段階は、とっくの昔に通り越し、その生活はただ奉仕あるのみであって、大部分の方々が転々と各所を廻られ、一見したところ、物質的な方法で物質的なことに、援助しているように思われます。私たちは、大師方が誰からか自分自身のために何かを受け取るところを見たことがありません。それどころか、大師方があらゆる種類の食料・衣類・物質を人々に与えているのを見てきました。まことに、大師は奉仕者です。大師である以上、彼は世の上にあり、世は彼に何ものをも与えることはできません。大師のほうが逆に世に与えなければならないのです。

13 衣食足りて真理を知る

この奉仕をなすに当って、大師方は格別に奉仕の対象となるべき人々を探しているようでもなく、また人々にしても必ずしも大師方を探し出しているのでもありません。大師方が人々の間を廻っている間に、日常生活の上で困っている人々に出会うのです。想念や想念の伝達による援助もしますが、普通一般の態度でも援助をします。

全世界に対して、全世界の本来完全なる状態の想念も発信なさいます。もちろん、一個人が助けを求めた場合は、いつでもすぐに助けが得られるようになっています。個人だけではなく、大集団でも援助しているのを、私たちは見てきました。しかし、そのようなお仕事をしている間でも、全世界に対して明らかにエマネーション（霊波）を放射しています。それがまた、大師方の働いている地方の状態を、やがては癒すことになるのです。人々にもっと真理が判るようにしてあげるには、地方地方で働くことが必要で、多くの場合、食料や衣料及びよい生活条件を与えると（真理の）理解が早いと言っています。

14 真の助けはあなた自身の内にある

大師方は外に出て人々の間を廻り、人々はまた大師方に助けを度々求めています。そうして、彼らのその時の状態は、大師方の援助によってほとんどすぐに良くなってはいます。しかし、その与えられる援助は、そのような問題解決のために、彼らのやっていた方法よりも、もっと良い方法があることを示すためのものなのです。

大師方は、外廻りをしてお説教をしたり、改宗をさせたりは決してしません。ただ大衆の間を歩かれ、大師に気づいた人々が、思い思いの方法で、ある者は援助を、ある者は病の癒しを、ある者は食物を、衣服を、住居をと求め、かつそれを得るのです。しかし、救いを成就するのは実は彼ら自身であって、大師方ではないことを彼らに示されるのです。

大衆が受けるのは大師方の持っているものではなく、彼ら自身が大師方の指導によって自分のものの考え方を直し、正しくなった自分の考え方を通して自分で造り上げたものなのです。自分以外の誰かが持っているものではなく、もともと彼ら自身が持っていて彼らに所属していたものなのです。従って、援助を得るためには必ずしも私たちは外部に訴えなければならない、ということはありません。

15 奉仕は大師への道

「下男は傭《やと》うだけの値打はある」とは、例えば、病気治しを売物にしてもよろしい、ということではありません。それは、前記のようにして仕える者は、より高き生命に値する、すなわち下男ではなくて、大師となるに値する、との意味なのです。もちろん大師は最大の下男です。何故なら、彼の全生涯は奉仕にあてられるからであり、奉仕こそが彼の働きの場であり、その大師たることを示す場だからです。

16 プラーナを摂り入れる大師の食事

食事のことですが、大師方は私たちより遥かに少量をとるだけです。一日に米三粒しか食べないことを私たちは知っていますが、それでいて大師方は必要とあれば長期にわたって、ご自分の肉体を維持するに足るだけのプラーナを摂り入れています。食べ物は徹底的に咀嚼《そしゃく》なさるので、この三粒の米を一日中でも噛んでいますが、噛み終った頃には、少くとも24時間は、肉体が持続するだけのプラーナを摂取しています。

大師方は人間が計るような時間ではお仕事をなさらないので、決まった食事の時間というのもありません。食べたいと思う時に食べます。私たちがよくするように、大師方が、「おや、もう食事時だ」というわけで、食事時間に気づいた、というのは見たことがありません。大師方は数百日でも全く食事なしにやっていけるのです。

17 一日に2時間を超えることはない大師の睡眠

私たちの知っている限りでは、大師方の睡眠は極めて少なく、一日2時間を超えることはありません。しかも、この2時間の間でも、ちゃんと意識は働いています。自分のエネルギーを浪費せずに、あるいはまた、自分で自分自身を宇宙エネルギーから疎外して、自己の意識をちぢこまらせることをせずに生きる方法を会得するならば、睡眠を取らなくてもやっていけることはよく知られている事実です。

西洋社会と西洋の生き方では、せっかくの睡眠も、大なり小なり、肉体のいわゆる中毒によってもたらされた状態に堕《お》ちてしまっています。中毒は、ある程度まで肉体の再生過程に打ち勝つもので、幾千もの人々の睡眠が、睡眠の本当の状態ではなく中毒状態にとどまっています。「睡れる者よ目覚めよ」とイエスが言われたのは、そのような昏睡状態から立ち上れ、という意味であって、立ち上った時、人はそれまで隷従していた力から解脱するのです。

人間は適正食事量の10倍を摂取している

18

西洋では人体の必要とする食料の少なくとも10倍をいたずらに摂取し、摂取した食料を消化するために、相当のエネルギーを浪費しています。この不必要に取っている過剰食物の9割を処理するために用いられているエネルギーは、肉体を築き上げるほうに、もっと有効に使用しうるものです。現在西欧世界は、健康によい適正食事量の少なくとも10倍も摂取していることは周知の事実です。もし、私たちが生命あるいはエネルギーを直接エーテルから取るならば、そのエネルギーは食料の同化に向けられる代りに、常に肉体に直接向けられて、肉体各器官にエネルギーが直接行きわたり、各器官は再建され、更新されることになるでしょう。

大師と接触する必要はない

19

生命とその可能性を把捉するために、何らかの形で、大師の元にいたり、あるいは大師と接触したりすることは、必要ではありません。生命は地球上のいかなる土地においても完全に把握しうるものです。生命は至る所に存在しています。故に、私たちがその方向に注意を向け、生命自らの表現手段として使用されているにすぎない単なる形態から心を放つなら、誰でも接触しうるものです。

20

自分が生きることのできる全生命は、真の生命である、という単純な態度を取り、生命を高め始めるならば、ちょうど大師方とともに暮しているのと同じことになります。大師方の生活といっても、そこには何ら特別異常なことはありません。普通大師方を訪れる人々は、特殊な異常現象を求めています。もし、私たちが真生命そのものを生きるならば、真生命の全機能を把握せずにはいられないものです。生命とは、それ自身を外に押し出して具象化しようとする内なる力の一工程です。それは、すべての空間とすべての形あるものに生気を与える宇宙の活動原理なのです。

あらゆる災禍厄難の原因

21

大師方は、私たちの日常の行動について何か規則を定め、あるいは私たちの精神や肉体のために、日常実習すべき何かの決まりを造ってくださる、という考え方をしている人が非常に多いですが、それは違います。もちろん、そういう類のものを修行者に教え、修行者が、自分自身こそ大師だと認識する段階まで導く、という人も数多くいます。また、そこまで来ると、本当の大師に出会う道も開かれます。人が、唯一の生命の他に生きるべき生命があると思った時には、もうその人は完全に調和から外れてしまっています。困難は、常に本人の心の持ち方にあるのです。

元来人間は、霊的には、すなわち実相においては、堕落したことも死んだこともないのであって、ただ自分で生命と調和しなくなっただけであり、これが結局彼のあらゆる災禍厄難となってくるわけです。生きることが難渋となった時、それはすでに生命ではなくなっています。何かの不調和が出た程度だけ、その人は生命から外れているのです。この状態は、あるがままの生命に戻りなさいという、警告なのでしょう。

22 人生の価値は俗世の中にはない

子供たちは、生命を豊かに生きるから幸福なのです。彼らは生命に何の制約もしません。私たちは生命を限定した途端に生命の豊かな生き方を止めてしまいます。生命には限定条件など一つもありはしないのです。生命自身は自己限定をしようとしてもすることはできないのです。生命に対するこちらの考え方による以外には、生命を疎外することもできません。生命に対して同じヴィジョンを持っている人は、二人とはいません。

この間の事情は、よくこういう風に言い表わされています――、「子供と賢者とのみが幸福である。その理由は、子供には物質的な価値感［値打を物質的立場から決めること］が、発達していないし、賢者は物質的なものには価値のないことを知っているからである」。彼らにとっては、外形は考慮の対象ではなく、生命そのものを生きることが大切なのです。

生命を自分の限られた尺度で計るからこそ、その現れ方もまた限られる

23

ある一人の人間が、壁の非常に狭い孔から人生を見てこう言います。「私は生命のすべてを見た」と。ところが彼の目は岩だらけの丘に向ったのかもしれません。次の人は木だけを見、その次の人は動き回っている動物だけを見たりする。小さな孔だけから覗いたのでは、すぐに自己催眠に陥り、広大な生ける宇宙の中に、自分が見た以外の生命は存在しないと妄信してしまいます。

もし、このような態度で終始しようとするのであれば、それは誤りであり、宇宙が唯一無限生命の無限に多種多様な具体化であり表現であることを、よくよく見定めることです。そうすれば、私たちのヴィジョンは拡がり、すべての生命を受け容れ、もはや私たちを制約するものはなくなるでしょう。

意識のある動物生命を食べることは不必要

24

大師方は、決して意識のある生命体すなわち動物を食べません。人間は、あらゆる生命要素を同化して自分の意識の中にもたらし、自分自身の中に生存させ、かつそれを生き、それと一体となることができるのですから、ことさらに意識のある動物生命を摂取する必要はないのです。従って、意識ある動物生命を食べることは全く不必要です。

インド人が動物を尊重する理由

25

何故インド人は人間以下の動物を恐れるのだろうか、といぶかる人々がたくさんいます。インドではなるほど宇宙にはただ一つの生命しかないと教えられてはいますが、インド人全員が大師というわけでもなく、教えられたこと全部を充分に把握しているわけでもありません。それはちょうどアメリカ人にしても、教えられたこと全部を充分に把握して生き切っているわけでもないようなものです。

前記のように、動物への恐怖に縛られているのは、下層階級の中でもごく少数の人々だけです。それは彼らが動物への恐れを徳とするように仕込まれたからであって、そのために動物を恐れるわけです。

26 大師方は自分の歩んだ道を示すのみ

それなら何故大師方はそういう人々を、そのような状態から向上させてやらないのでしょうか？　彼らが向上させてやることを受け容れなければ、どうして大師方にそれができるでしょうか？　大師方でも、彼らにご自分の心を注入することはできないのです。ただご自分の歩んだ道を示すだけです。そこまでしても、その「道」が見えないのであれば、時節到来まで、自分なりの道を歩ませる他ありません。

インドでは、彼ら大衆よりも高いカーストの者、例えば優れたマハーラージャ（藩王）さえも、より高き悟りの境地に向って努力していますが、そのマハーラージャにしても、大衆の代りに自分が迷妄を超克してやるわけにもいかないし、また大衆を覚者に変えることもできないのであって、そのような努力は、常に当の本人たち一人一人がやるべきことなのです。

27 大師は禁欲も苦行もしない

大師方が極端な禁欲や苦行の生活をしていると思うのは誤りです。そのような生き方をしているのを、私たちは見たことがありません。大師方には、腰布だけを纏《まと》った方もいれば、社会の最上層の方もいます。しかし、他と断絶して独居している方は一人もいません。世界をより善くするため、世界をいやが上にもよくする目的で、隠遁生活をなさる方が僅かながらいますが、それは大師方全体に比べれば、ごくわずかです。そういう方々は、その特殊の目的でグループを形成している特別な方々です。しかし、極端な禁欲や苦行は決してなさいません。

人類の蛭《ひる》であるニセモノの大師

28

ある特定の目的で、ある期間だけ禁欲生活をしているヨーガ行者を見かけることはあるでしょうが、そのために彼らが自己暗示に陥るということは決してありません。ヨーガとは、大いなる見証《けんしょう》を得るために生きることです。インドのいわゆる「聖人」は、多くが紛れもない禁欲苦行をしていますが、しかし普通彼らは乞食であって、大師ではありません。その多くは、想像もつかぬほど汚れ、かつ不潔です。彼らはいわば人類の蛭《ひる》であってそれ以上の何物でもありません。大師ではないのです。ある男が、ただマントラムを唱えながら歩きまわったり、結跏趺坐《けっかふざ》をしたりしているからといって、それだけでは大師ではないのです。

自分に必要なものも、人に分け与えるものも、大師はすべて持っている

29

高い悟りを得たこれらの大師方で、乞食をしているのは、一人もいません。それどころか、大師方は人類の向上のために四六時中、御自分を献《ささ》げています。他の人に与えるためであっても、物乞いすることはありません。そのお言葉を借りれば、ご自分に必要なものも、人に分け与えるためのものも、常にすべてお持ちなのです。だから、人に与えるために、歩き回って物乞いすることはしません。また、慈善団体も組織しません。その代り、外に出て始終人々を援助しているので、大師方であることが判るわけです。

インドには絶えず与えている人々が幾千人となくいますが、その中の誰一人として、誰からか一銭でも受けているのは見たことも聞いたこともありません。自分を「聖者」と称している連中は、自称聖者にすぎないのであって、大師方とは全く縁もゆかりもありません。

生きるために、与えよ

30

生命とは、与えることなのです。無限空間を自由自在に貫流している宇宙生命を利用することは、すべての人の特権です。この特権を行使する人の生き方は、本源から宇宙生命を受け取り、自分の周囲の人々すべてに与え、さらに、自らが見出した生命を彼らも同様に見出せるよう鼓舞する、というものであるべきです。これは、大師方だけの仕事ではなく、あらゆる人々のなすべき仕事です。これこそが、在るべき生き方であり、およそ存在しうる真の唯一の生き方です。周りの人から受け取るだけというのでは、人生とは全く言えず、生活の幅はどんどん狭《せば》まります。物質世界に生命を求めることは、それを失うことです。

【講義指針】

1項　覚者が生命を示す際、常に、生命の普遍的かつ永遠なる面が描かれてきたということとは、大衆に明らかにされるべきです。形を伴って現れている生命とは、無限の空間を満たしている生命本質が露出しているにすぎないのです。**生命は、形を通して現れている期間だけのものではなくて、この形をまず創り出した創造力の働きであり、今後もまた永遠にそうです。しかも、この形体は生命を様々に表現するためにのみ送り出されたのです。生命が、自分の中で、自分を貫いて働き、常により多く、より自由に、より豊かに顕現することを永遠に求めているという真理を知らぬ限り、人は真実に生きたことにはならないのです。**

2・3項　生命は普遍的ですから、至る所であらゆる形の中に現れています。生命との分離感さえ人間の心から消えれば、人間は、この生命の働きにより深くかかわり、その目的とさらに一体となるでしょう。人間の意識においてのみ、複雑なことが生じるのです。いろいろな雑念妄想は、人間の心にだけ起ります。生命と心は、離せないまでに結びついているので、生命を完全に把握実現する前に、まず意識を拡げて、生命をあるがままに見、そして生きるようにせねばなりません。ただ、見かけに心が反応するがために、人はこの満ち足りた生命から離れてしまうのです。

4・5・6・7・8項　この各項の本文は、人間表層の思い、すなわち、物質世界に接触することによって生じた想念のみが、一般的に言って、彼の生命のみならず彼の能力を非常に邪魔することを明示しています。この生命や、自分の住んでいる世界や、自分自身について誤った判断をしている間は、生命の全相を顕わす生活は妨げられるのです。人間が、生きることの本当の悦びに入るのは、この状態の前と、時には、その後だけでしょう。**天才とは、この思考による抑圧の時期を、ある程度免れた人、自分で定めたコースを歩み、限定という世俗の思想の邪魔立てを許さないだけの勇気と剛毅さを持っている人を言います。**

人間が老境に入ると、前よりも霊的生活を送るように思われるのは、いろいろなニセモノがちょうど巻時計のぜんまいのように衰え果てて、彼の本性が現れるからです。思考による抑圧の時期においても、この意識が保持されていたならば、活力をなしくずしに衰えさせることもなく、一番役に立つ年数が、いつまでも延びたはずです。

9項　肉体の年齢はいわゆる寿命という年数で説明のつくものではありません。肉体は、永久に肉体自らを更新し、肉体が構成している細胞や組織も完全な自然の過程を経て、絶えず取り換えられています。肉体が年齢に応じた様子を現すのは、ある心の型、すなわち物の考え方のためであって、この型に応じて、細胞や組織の築造過程が推し進められるのです。故に、私たちは生命の真理に従って、私たちの心を不断に刷新しなければなりません。そうすれば、肉体の更新過程の型もよくなり、その結果、肉体はさらに完全かつ活気に満ちたものとなるでしょう。

10項 人間は、生命の書、神の律法の具体化です。生命の統治原理が彼の肉体内部の各部に記録されています。従って、人間の生きている期間は、自己発見および自己表現の過程であるべきです。自分の本性を展開することが、自分自身の存在の秘密を学び取ることです。人は、直接に己自身を研究し、己自身の内なる本質の、最も奥深き熱願を知り、その顕現するさまを観るとよい。そのことによって、人は真理が悟れるのです。

11項 聖書によれば、罪は死の原因となっています。罪とは、生命の目的に調和しない、すべての想念と感情をいいます。これらが、肉体を通じて外に現れようとする生命を妨害しているのです。この妨害を取り除くことが治療となることは、いうまでもありません。肉体の活力を奪い、遂には肉体と意識をバラバラにする死をもたらすような心の持ち方を恒久化せずに、虚妄の心をこそ死滅させるべきです。過ぎ去りしことを忘れ、前に突き進むことです。

12・13・14・15項 生命は進歩するためのものであって、一般に解されているような利得のためではありません。利得は、私たちの進歩によって生ずるものであって、その進歩は生命表現の種類と質によって決まります。表現といっても、自分自身の限られた考えを始終投影することではなく、自分自身の性質の一番深い所から出てくる衝動に忠実に従って生きることでなければなりません。いわゆる「必要」や「便利」と称するものに妥協した時初めて、私たちは、何が正しいかについての内なる感覚に背《そむ》き始めるのです。

16・17・18項　「人はパンのみにて生くるにあらず」。人体の自然な再建に要する素材分だけの食料があればよいのです。それ以上は、肉体の働きに過重労働を強いるもの。人はもっともっと自分の存在の創造原理に従って働いている質料を食べて生きるようにならねばなりません。そうすれば、本当の栄養が判るようになります。また、食料が肉体を造る材料を提供するように、誤った生き方をしていた日中に浪費されたエネルギーを、摂取するのです。

19・20・21項　私たちは、自分の実相において、初めから備わっているすべての善きものに接触することを学ばねばなりません。私たちの求めているものは外部から来るのではありません。従って大師や一般教師に接触したところで、大師方のものが実は、自分自身の中に求めるべきものであることを悟らぬ限り、無益です。「われに主よ主よという者ことごとくが天国に入るに非ず、わが父なる神の意志をなす者のみが入るなり」

22項　人生の価値は大霊・真我・内なる大師の中にこそ見出されるべきであって、俗世の中に求めるべきではありません。俗世には、それ自体の固有価値はなく、目覚めたる意識によって与えられただけの価値しかありません。

23・24・25項 生命の、偉大なる普遍的動きの内に、ありのままの生命を見出そうとしなさい。この動きは、自分が持つ最高の理想と最奥の憧れを通して、自らの本性の内に見出されます。生命を自分の限られた尺度で計るからこそ、その現れ方もまた限られるようになるのです。必要とするものは、普遍生命に頼りなさい。

26項 人間各自の表現の権利を侵せば、生命本来の働きを妨げることになる故、侵してはならないし、また、侵すこともできません。私たちが向上するのは、自分自身の努力によるのであって、他の人々の努力によるのではないのです。自分は何らの努力もしないで他の人に代ってやってもらうのは、自分自身の性格と幸福を破壊するものです。

27・28・29・30項 生命とは行動であり、自己表現であり、与えることです。呼吸の際は息を吐き出すことが必要です。同様に生きるためには、与えることが必要です。人は自分の本源から受け、その本源から最善の形で与えるべきです。いかなる原理であっても、まずそれを意識に取り入れることで受け入れ、然る後に、外部への行動によってそれを表現します。これは、生命の諸過程についても全く同様です。与えはしないで受け取る一方、そして受け取りはしないで与える一方というのは、それぞれ過剰と枯渇をもたらし、生命を停滞させてしまいます。自分の本源から受け、この受けたものをもって自己の才能をさらに大きく表現することが生命の生き方です。

第10章

宇宙は無限の総和

1 宇宙とは神の別名であり、その中にあらゆる智慧がある

無限の空間を満たしているありとあらゆるもの、見えるもの見えざるものの総計が宇宙です。宇宙は巨大な総合体であって、各部分から成り立っています。宇宙は神の別名と言ってもよいでしょう。なぜなら神は「我は存在するものである。我の他に在る者なし」と言って、御自分を明らかにしたからです。それは、あらゆる生命、あらゆる質料、あらゆる智慧、あらゆる力の総計です。その中にあらゆる智慧があります。なぜなら、それは全智であるからです。それは、あらゆる力の総計です。なぜならそれは全能だからです。それはあらゆる質料の総和です。なぜならその中から、あらゆる目に見えるものが形造られるからです。それは全愛です。なぜならそれは単一の仕組みとなって結びつき、単一体として働くからです。愛こそは不可欠の完全体となる原理、すなわち、宇宙を単一体として維持し、その働きをすべて完全な調和のうちに、規則正しく続行させる結合原理です。

人間は大宇宙の一部

2

大師方は、宇宙を、すべてのものが「遍満している状態」であり、あらゆる状態や環境は宇宙すなわち「遍満しているもの」の一部である、と見ています。人は宇宙から分離する、すなわち自分は宇宙とは別のものだ、と頭の中で思い込むことはできます。そうして、頭の中だけでは、宇宙は別の独立した存在になっています。しかし、本当は、宇宙から分離しているのではなく、依然として、大宇宙の一部なのです。考えの上では、この大宇宙とは別の存在にもなれるので、彼は自分自身を分離、すなわち限定感で取り巻くようになり、頭の中でこの大宇宙から離れすぎて転落する、すなわち能力が低下し、結局、本当は自分の所属している宇宙から、ある意味では分離してしまうことになるのです。

放蕩《ほうとう》息子のたとえ

3

もちろん遍満しているものから自分自身を引き離したり、完全に疎外したりすることなど不可能です。何故なら、そうすることは自分自身を全く存在しない状態に帰してしまうことだからです。しかし、再び意識の中で、この遍満している原理に帰るならば、彼はこの原理〔宇宙・神〕と一体となり、その能力も高まるのです。このことが、かの放蕩息子の寓話《ぐうわ》に描かれているわけです。

彼は諸国を放浪して、その所持金を使い果してしまいましたが、父の家に帰ってくると歓迎が待ち受けていたのです。そのため、ずっと家にいた兄でさえ、その歓迎ぶりを妬《ねた》んだのでした。しかし、父自身としては、ことさらにその日だけ歓待したわけではなく、実は常に家の中では歓待が行われていたのです。これは、人間がいかに徹底して、遍満なるものから離別したつもりになり、殻を食べて自らは生きていると思っていようと、かつまた、糟粕《かす》を嘗めて暮していようと、いったん父の家に戻ろうと決心するならば、父の家にはすでに彼のためにすべてが整っていることを、たとえ話として描いているのです。実際には父〔神〕としては、息子が離れていることを意識さえしていないのであって、息子がどんなに遠く放浪していようと問題ではなかったのです。

4 大宇宙の一部から離れることは不可能

すべての離別・孤立・限定感は単なる虚構なのです。なぜなら、いわゆる分離が、事実となって現れることは不可能だからです。もし可能であれば、宇宙は一個の完全体となることは、できないはずです。「我なんじの霊よりいずくにかのがれん」とダビデが歌ったのは、普遍である仕組みから出ることが不可能であることを悟り、その事実が歌となったのです。彼が、いかに地の果てに行き、極天の高みに昇り、地獄を臥所《ふしど》としようと、依然としてこの普遍の関係が、彼を待っていたのです。私たちは分割不能なものを分割することはできません。

「死」は想念の中で離別しているだけ

5

死がやってきた時も同じことです。多くの人は、死別というものがあると思いますが、実際には、そんなものはありません。私たちは、身罷《みまか》ったと思っている人々とでも、私たちが「この世」と思い込んでいる世界で親しくしていたように「死」後も、依然として彼らの身近にいるのです。ただ、想念の中で離別しているだけです。いわゆる超意識の中には、いかなる離別もありません。もしこの別離や分離などの観念を放下してしまうなら、別離らしきものさえ、全くなくなります。なぜなら、それはもともと意識の中だけにしかなかったからです。もっと確かな言い方をすれば、別離はただ無意識、すなわち実相を意識しない時だけしか存在しないのです。

分離や別離はありえない

6

分離や別離は、見せかけにすぎません。なぜなら実在の中には、そんなものはありえないからです。宇宙が単一体であって、その中のものはすべてが永遠に結びつき合って単一の統一体になっているのである以上、分離ごときものがいかにしてまたどこに存在しうるでしょう。実際それは、ただ想像された状態でしかありません。もし分離なるものがあるとすれば、真実についての無智によるものだけであり、そのようなものは開悟すれば、完全に消滅するのです。「見よわれらが神は一つなり」、と聖書は言っています。果して、神が大いなる一者であるなら、すべてのもの、すべての人は、その中に包容されているはずであり、包容されている以上、すべては神の中にあって神とともに一つなのです。

調和から外れると病気をはじめ思わしくない状態になる

7

私たちの実存そのものが、一個の完全な宇宙であって、私たちがあらゆる不調和や分離という観念を放ち去るならば、私たちの実存は、完全なる調和を保ちながら働くのです。

いつも調和ということを考えていると、お互いは原理〝神〟という斉一に立ち帰り、相互に一神となるのです。その反面、私たちは調和からひどく外れたことを考えることもできるのであって、そうなると、病気その他思わしくない状態が出てくるわけです。しかし、それはこちらが調和からはずれていることを物語るだけです。至る所、本当は完全なる調和があるのみだと、そればかり念じていれば、何一つ私たちの生活に不調和な状態が入り込んでくるはずはありません。何故なら、私たちが普遍的宇宙原理に調和した関係の中で思ったり、言ったり、行ったりして波動を起すなら、不調和が現れるはずはないからです。

8 身体のバイブレーション（波動）が下がると、不調和が現れる

不調和が現れてくるようになるのは、私たちのほうで、自分の身体のバイブレーション（波動）を下げるからです。私たちのほうで、当然あるべき調和が現れてこないようにしているのであって、その他に理由はありません。完全な調和などできない相談だと思い込んでしまえば、調和をこそ崇めるべきはずのものが、不調和を崇拝したことになります。

「人間は、本来は常に調和している」とイエスが教えられたのもこのことだったのです。イエスは大原理〔神〕の大調和のことを直接言われたのであって、実相においては、私たちは常にこの大調和を顕現しているのです。自分の側からの奉仕はしないでいて、隣人から自分に直接に奉仕してもらおうという、自分本位の利己的欲望を私たちが棄てさえすれば、この大調和は顕現せずにはいられないのです。私たちは、隣人からではなく、上〔神・大原理〕から期待すべきであり、私たちの世の中に対する態度は、与えることにあるべきです。

自分への奉仕を人に要求するなかれ

9

調和から離れて自分を孤立させる一番手っ取り早い方法は、自分が人に奉仕をするのではなく、自分への奉仕を人に要求することです。相手が一個人であるか100万人もの人であるかは、問題ではありません。要するに自分への奉仕を人に要求した時には必ず神と人から分離してしまっています。すべてに対して奉仕する時に、私たちは遍満するもの〔神〕の中に浸っているのです。自分自身を与えれば与えるほど、私たちは自分が本来所属している遍満するもの〔神〕に次第に近づいて行くのです。

否定的な想念や言葉を出すことは、自分の肉体からエネルギーを奪うこと

10

奉仕と、愛と調和を与えることは、肉体からエネルギーを取り出すことにはなりませんが、不調和、すなわち非和合の状態をもたらすこと、あるいは否定的な想念や言葉を出すことは、自分の肉体からエネルギーを奪うことです。積極的言葉や調和の言葉は、私たちがそれを出すごとに、私たちの肉体にエネルギーを加えるものです。のみならず、そのような言葉を出す都度、私たち自身がある力を創造しており、その力はある放射エネルギーとともに私たちに還流し、私たちを取り囲むのです。

すべての不調和な感情や精神状態は、実在の法則を犯している現れ

11

どうすれば自分の中にある普遍生命の働き方に忠実であるかを、大師から教えてもらう必要も本から学ぶ必要もありません。生命の法則に反した時は、ちょうど音楽の原則に反した時のように、すぐ自分で判るものです。音楽を学んだことがあってもなくても音の不調和には、すぐに誰かが気づくものです。それと同じように、何か不調和や不快が心の中に起きたら、自分の実存の法則を犯していると知るべきです。それは、自分の実存の法則を犯しただけではなく、自分の身体に不調和な状態まで造り出してしまいます。すべての不調和な感情や精神状態は、人間の本当の性質〔実相〕に対する罪です。人間の心に調和の状態を造り出すもの、平安・自由・力・調和の感を与えるものは、生命と直接相調和しており、従って調和にみちた結果のみが出てくるのです。

12

大調和を実現する方法

人間はちょうど化学実験室における試験管のようなもので、調和という溶液を入れれば、調和の結果が得られます。さもなければ不調和な状態を起して、不調和な結果を得るか、無収穫に終るかです。あるいは試験管内で大きな変動が見られる場合もあるかもしれませんが、入れたものが正しい試薬であれば、それは何も不調和ではありません。

私たちの身体も同じことです。私たちが調和の想念や感情のみを相手から引き出すようにして、こちらからもそのような想念や感情のみを相手に与えるようにするならば、不調和など引き起すものでは決してありません。だいたいこちらから調和を与えれば、不調和の起りようは絶対にないのです。なぜならば、完全に調和の雰囲気が自分の周囲にできあがるからです。すでに調和である以上、その雰囲気から不調和の現れることはできないのです。これはすべて意識によってなされるものです。しかも、私たちは不調和よりは、調和のほうを遥かに意識するものです。何故なら、人間の本性は調和だからです。大調和の実現は、不調和などに決して目を向けないことによって成就するのです。

13 できる限り愛を与える

意識うんぬんということになると、どうも自分にはよくは判らない、というのであれば、できうる限り愛を与え、愛以外のものを出すのを拒むことはできるはずです。そうすれば、その人には必ず調和が招来されるのです。イエスはあらゆるものの前に愛を置きました。ヘンリー・ドラモンド氏の『愛――世界最大のもの』という著書がありますが、この書は、どのような状態が起っても、調和裡に解決する完全なカギを与えてくれます。これは、今までの著述の中では最も平明なもので、小著ながら、広く読まれています。読み終えるのに10分そこそこしかかかりませんが、その内容を生きるには、一生かかります。それを生きるところに、完全な調和と完全な自由があるのです。

14

進歩を進めるもの、遅らせるもの

人がもし否定的な立場に立って霊的なもの、すなわち完全なる実相に属するものを否定したところで、霊的なものそのものには、何の変化も起りません。霊〔実相〕を変化させることができるはずはないのです。何故ならば、もともと霊〔実相〕は永遠に不変だからです。しかし、間違った考えは自分自身の進歩を遅らせます。私たちは他人のすることや、すべきだとこちらで考えていることにこだわってはなりません。何故なら、相手の人自身は、自分の身・口・意を通じて、いつ何時急転直下調和に導かれるようになるかもしれないからです。イエスも「彼を緩めて放て」と言われました。かくしてイエスは、相手を緩め放して、もはやその人の言動に捉われなくなった人に、キリスト意識〔我キリストあるいは我神の子、仏の子なりと自覚すること〕の権化となる特権を与えたのです。事実、イエスはすべての人々を実相においてキリストなりと見たのであって、「我すべての顔、すべての形にキリストを見る」と言われたのは、イエスのこの態度を示しています。

15

まず宇宙が何であるかを知ることによって、世界について学び取る

世界の外観を見て、「世界とはこういうものです」と結論を引き出してはなりません。なぜなら世界自体には、そのようなことを教えることはできないからです。世界は見かけ通りではないのです。見かけ上では、いろいろな制約に満ちていますが、本当はそうではないのです。何故なら、世界は宇宙を素材として形成されているからです。細胞の一つ一つさえもが、宇宙の複製である、と科学は私たちに教えています。

まず宇宙が何であるかを知ることによって、世界がどんなものであるかを学び取らなければならないのであって、そうして初めて、世界について云々することができるのです。このような方法によってのみ、人は自由になれるのです。何故なら、そうすることによって、彼は彼の本来相の一つである本質的な英智を現したことになるからです。表層を貫いて内なる実在を徹見すれば、「この世に孤立せるもの一つとてなく、ものみなは神の法《のり》により互いに混り合えり」。かくて、自分も世界も、完全なる調和と完全なる自由に満たされていることが判るのです。

16 もの言う時すべて愛を添えること

「太初に地上で人間が生まれた時、同時にキリスト〈神我・実相〉も生まれたのである」というのがキリストの真の教えであります。「アブラハムの前に、我はありき」であり、「世界生ずる前、太初に栄光我とともにありき」——です。

物言う時すべて愛を添えることです。そうすれば、イエスが教えられたように、それはキリスト〔自他の神我〕に同調して働きます。相手を愛で囲めば、その霊的力が彼に大潮のように押し寄せ、一瞬のうちに彼の全生涯・全思想を変えることができます。愛で囲んだからといって彼を制圧したことにはなりません。なぜなら、この愛の雰囲気こそが、彼の本来の環境だからです。制圧するのではなく、ただ相手が受け容れるような雰囲気を与えるだけであって、それによって、彼の生活の全コースを変えることができ、また、私たち自身の生活と思想の全工程も変えることができるのです。

私たちはただ彼の実相を見る、すなわち、神が彼を観給うように彼を観るだけです。これは彼にとって何かの妨げになったり悪い影響を及ぼしたりするのではなく、逆に彼を様々な障害や悪影響から解放するのです。なぜなら、神による彼の創造の場となった本来の霊的雰囲気、言い換えればすべての人間が本来生存すべき〔すなわち、実相人間・神我が生存する〕状態で、彼を取り巻いているからです。

「敵」を愛することは、あなたを解放することでもある

17

自分の敵を愛し、自分を迫害する人々のために祈るのはさらに良いことです。何故ならば、そうすることにより、あなたは自分自身を高揚し、同時に、相手をあなたに敵対するに至らしめた心理状態から解放してあげることになるからです。すなわち自分自身と相手に二重の奉仕をしていることになります。贈り物とは、実は贈る人になされているのであって、たいていは本人に戻ってくるものです。それだけでなく、いわゆる敵のほうが、友人以上に当方の内心にひそんでいた思いを白昼にさらけ出し、その正体を見せてくれる場合もあるものです。

愛は人間としての特権

18

今まで友人と思っていた者が、あなたに何か酷いことをした、害を与えたとしましょう。それでも相手があなたから完全な愛を感じるならば、事態はガラリと変るものです。このようなことは、人間としての義務ではなく特権なのです。特権は私たちの奉仕すべてを促す最大の動因です。自分の敵を愛し彼らを高めることは、まさしく特権です。何故なら、そのことにより自分自身が高まるからです。自分の敵を高め、自分の境地をも超えた高い境地へと昇らせることは、この世における、人を高める行為の中で、最も偉大なものです。

19 人を高めてあげること

これを習慣として行うことが、最大の誠《まこと》です。何故なら、誠とは、欠点のないことだからです。誠とは、全きことです。自分の意識からその敵対する人を切り離した瞬間、あなたは自分が有する以上の特権を、彼に与えたことになるのです。次に、あなたは彼を高めてあげなければなりません。そうして初めて、あなたは彼との問題を卒業したことになるのです。彼をただ心から放しただけで、別に高めてあげることもしないで放任すれば、事はまだ終っていないのです。何故なら彼に対する自分の意識には、まだ修正すべきところ〔例えば、怒りのクスブリ、冷淡、あわれみ等々〕があるからです。

この間の事情はこうです。彼があなたの意識に入ってくるまでは、あなたは彼を知らなかった。ところがある事態が起きたために、今やあなたは彼を完全に意識するに至り、この事態の解決のために、彼またはあなたには憎しみ、怒り等の意識を矯正するための助けが必要となった。この必要な助けをあなたが得て、彼を高めてあげることによって、彼との問題は終るのです。その時初めて、あなたは彼のことを自分の心から放し、彼があなたの生活に入り込んできた以前の平和な状態に戻ることができるのです。

その時に、初めてあなたの義務は終り、人を高めることは完了し、あなたたちは双方ともかかわりのない自由な心境になり、双方とも前のように、思い思いの道を歩むことができるのです。このことがなされないかぎり、依然としてあなたの意識にはスッキリしない瑕疵《きず》が残るのです。

20 愛によってのみ人は自由となる

完全円満なるものは、意識の中にのみしかないことが判ります。自分が接したことのない人については、何らの不完全感も自分の意識にはないものです。ところが、誰かと接触してみてその人に何らかの不完全な状態を認めた途端、こちらの意識にその不完全さが入り込んできます。そのため、自分の心の中に、元の完全な調和が回復するためには、このような意識状態は払拭《ふっしょく》しなければならないわけで、それには愛のみが唯一の取るべき心構えです。何故なら、愛こそは普遍的溶剤だからです。それはあらゆるものを神の宇宙計画の中におけるその本来の状態に回復してくれるものです。この方法によってのみ、人は自由となり、そうしてのみ、人は相手をまた自由とならしめるのです。

21

愛こそは、人の持ちうる最高の思念

愛の要素なくして、「彼らを緩め放つ」ことは不可能です。自他の何れに対するにせよ、憐みは解放の道ではありません。憐みは反《かえ》って自分を不完全に一層近く縛りつけるものです。自分を憐れめば、結局自分自身をますます強く不完全に縛りつけるようになり、他の人に対する憐みもまた同じ結果となるのです。憐みはすべての問題を、その事態の低い状態にまで落してしまいますが、真実の愛は同じ状態を、宇宙におけるその正当なる地位にまで高めるものです。

愛こそは、およそ人の持ちうる最高の思念です。イエスは御自分とその周囲の人々すべてを愛によって高めました。まことにも愛こそは、宇宙の本質そのものです。完全なる愛の中にあってこそ、すべてのものは合一して普遍する全体となるのです。

22 人がある言葉を高めた瞬間に、それは光となる

その人の意識のあり方によって、ある人にとっての宇宙は大きく、またある人にとっての宇宙は小さかったりします。その人の意識のあり方によって、一個の原子が、あるいは一個のまとまった肉体が、あるいはまた完全に遍満する神が、その人にとっての宇宙となるのです。私たちが「普遍的」という場合、もし全体から離れた部分だけを考えているのでなければ、その言葉の使い方は、正しいわけです。普遍的とは、ちょうど光があらゆる空間を囲みかつ満たしているように、すべてを包含していることです。

これに関して、マハーバーラタの中に、次のような非常に善い言葉があります。「光を

見れば、遍満するものすべてを見たことになるのです」。その所以は、光は「遍満するもの」を完全に実現させる手段だからです。人がある言葉を高めた瞬間に、それは光となります。宇宙は無限です。限度など人間の観念以外には存在しないのです。動物は決して自己限定しません。自己限定するのは人間だけです。

23

宇宙はその人自身の観念によって膨張し、縮小している

宇宙膨張説は、正確ではありません。ただし、宇宙が人間の想念の中で膨張している、否、むしろ人間が自分の宇宙観念を膨張させているという点においては、正しいです。宇宙を調べてみると、いつも人間が想像しているよりは大きいのです。しかし、実は、宇宙はその人自身の観念に従って膨張し、また縮小もしているのであって、宇宙自身が膨張や縮小をしているのではありません。何故なら宇宙は無限の総和だからです。宇宙といえば一個の太陽系のことと考えている人が大部分ですが、太陽系など、無数の太陽系から成る一宇宙の中の一細胞、一原子にすぎないのです。

宇宙の根本法則は愛

24

宇宙を支配している法則は、ただ一つしかありません。何故なら宇宙自体が一つだからです。この唯一の根本法則以下の個々の法則には、一つとして従う必要はないのです。あるのは唯一の根本法則のみ、私たちが従う必要があるのは、ただこれのみです。

人間はいわゆる法則の「現れ」である、「引力」にさえ従う必要はないのです。法則の意識的な「現象」にさえ、従う必要はありません。これらの「現象」を統轄している法則そのもの、すなわち根本法則にのみ従えばよいのです。いわゆる法則なる「現象」など全く意識しなくなった時、直ちにすべてのすべてである根本法則そのもの、すべてのすべて、普遍である根本原理そのもの、根本法則を、完全に自覚するようになるのです。すると、法則と称する個々の「現象」が全部私たちに従うようになり、私たちは、そのすべてに完全な権能、完全な支配権を持つに至るのです。

物質は心の固定した習慣にすぎない

25

「物質の法則」というような下級の法則が存在する、という思想が、「物質性」や「可死」「いずれは死すべき者」という観念に力を持たせるようになってしまったのです。それはアダム〔原祖人間〕には、なかったことです。アダムの次代の人間から始まったのでした。「想念」が「意識」の一態様に過ぎないように、「物質」もまた意識の一態様にしかすぎません。言いかえれば、物質とは心の固定した習慣にすぎないのです。想念と物質は、実は表現の道〔手段〕にすぎないのであって、いずれも限定して考えるべきものではありません。

アダム〔原始の理想的人間〕はもちろん、自分の意識を現しましたが、それはいずれは死に絶える意識ではなく、「絶えて死することなき意識」をこそ現したのでした。彼が地上に到来して長い間たってから、アダムと名前をつけられたのは、そのためだったのです。

26

無限の空間と、そこに投影されているすべての形あるものを支配しているもの

大師にとっては、物質宇宙なるものは存在しません。目に見える宇宙は、大師にとっては神霊の現れであり、従ってその本質は霊的であって、神霊の法則によって支配されています。大師に大いなる力を与えているのは、このような智識であって、個々人にとっても、力を得るすべての秘密がここにあるのです。神霊の法則を知り、それに同調して生きることは、常に無限の力です。

この神霊の法則とは、すなわち愛の法則です。無限の空間と、この空間に投影されているすべての形あるものを支配しているのが、実に愛なのです。「人は愛の中にあれば神の中にあり、神また人の中にある」と聖書の語る所以もここにあります。愛は調和です。故に、それはすべてのものを、愛する者と調和させるだけでなく、お互いにもまた調和させるのです。人が愛意識、すなわちすべてのものと完全に等しく一体であるとの意識の中にあれば、彼はすべてのもの及びすべての人々と完全な調和の状態にあります。

愛は、いわば凝結力すなわちすべてのものをその本源に結びつける力です。本源と同調して働くことにより、同じくその本源の投影であるすべてのものとも、調和して働けるようになるのです。一方、愛はまた宇宙の秩序に調和しないものをことごとく溶解してしまいます。なぜなら、愛はあらゆるものに対し、そのものの実相、すなわち神霊の原理に完全に従うことを要求するからです。そのために愛は憎しみ、貪欲、我利、自我の追究及びそのような意識状態から出てくる「小我」を破壊します。

27

私たちが自分で自分を制約しなくなれば、その瞬間に全身の細胞から光が出る

人間は完全なる宇宙の複製であり、この宇宙なる全体に没入すれば、彼自らの内部もまた一個の完全なる宇宙となるのです。すべての信条や独断を放下してしまえば、彼は完全に迷信から自由になり、いかなる制限も受けなくなるでしょう。私たちが自分で自分を制約しなくなれば、その瞬間に、全身の全細胞から光が出ることを、写真によって立証する

ことが、現在では可能です。同様にまた、宇宙の全細胞から光が放射しているのです。広漠たる大宇宙及び身体という宇宙を活気づけ、かつこれに充満している光とエネルギーの本源は、大中心太陽です。宇宙的とは、「大いなる」との意味であり、人間をその一部とする全体です。

【講義指針】

1・2項　本課は前課のように、すべてのものの遍満性を扱って、すべての現象形態は全体の中に含まれ、全体から引き離すことのできない部分であることを示しています。また、各有機体は、無限の大宇宙の縮図である事実を取り扱っています。無限の空間に働いている無量の力が、各人の中にも働いており、彼が人生においてどこまで到達するかは、どの程度まで彼がこれらの力を意識するようになるか、そしてどの程度までこれらの力に調和して働くか、にかかっています。本課のポイントは、学習者に以上を理解させることにあります。

3・4項　人間は、無智と分離観念の恒久化によってのみ、自分で自分を孤立させているのです。神の心の中には、人間を引き離したり、人間を孤独や虚弱に追いやるようなものは、何一つとしてありません。それどころか、神はいつも、自ら人間への務めを果し、人間をその本来受けるべき祝福から追い出すのではなく、反って人間を通して神自身を顕現したがっています。人間はこの神の目的遂行を、他ならぬ自分で邪魔しているのであって、この邪魔しているものを取り除きさえすればよいのです。

5項 死などありません！ 死と見えるものも、人間が、自分の本質が神性である真実を完全に放り出したために、身体が支えられなくなった状態にすぎません。身体の生命は、身体を創造した神霊です。無智のために、身体が「生命についての虚妄によって全く支配されてしまうと、身体は身体を支えている力を全く失ってしまい、そのために機能しなくなります。これが、いわゆる死です。霊的人間、すなわち神が造り給い、神がご存じの唯一の人間は、神とともに永遠に生きているのです。あなたの想念は、それを表現する手段としての形が破壊されても生き続けます。

人間についての神の理念も、その顕現のために造られた乗り物から締め出されても、なお生き続けるのです。それは、父なる神という原理の中に、この原理とともに存続します。神との分離感の元凶である無智を意識から捨て去ってしまえば、肉体の中にあろうと外にあろうと、人間そのものは、すべて万物が永遠に一体であること、そうしてそれが事実であることを自覚しうるのです。

6・7項　無智・無明は人間にとって唯一の敵です。真実についての正智を得れば、無限の空間に充満している力に同調するようになります。この力は、ことごとくが人間に対して友好的であり、人間のために建設的に働くものです。原理の中には、原理自身に背反するものは一つもありません。人間自身は小宇宙であって、大宇宙の中にあるすべてのものが、人間の本質そのものの中にも働いています。人間の立場とは、無限の力と可能性が現れる、直接の場所、手段なのです。

8・9・10項　本当は自分にだけしかできない自分のことを人にやってもらおうと、他人や物に期待するかぎり、平安や調和を得ることは不可能です。何人も、私たちがすでに所持しているのを、私たちに与えることはできないし、私たち自身の中にありはしても、その開顕を拒んでいるもの〔完全なる実相〕に目覚めさせることもできません。私たちの必要とするものを与えたり、私たちの必要に応じて私たちに尽したりできるのは、世間や世間の人々ではありません。善き賜物、完全なる賜物は、すべて上から来るのです。

　宇宙の法則は、大原理、すなわち神から来て働き、個人個人を通じて現れ、神自らを、神の本来相を、奉仕を通じて世に与えます。もし私たちが、この過程を逆にして、まず自分が幸せになり調和に満たされ、それによって自分の神性に達しようとして、世と世の人々に対してまず自分に与えることを先に期待するならば、私たちは失望に逢着せざるをえないのです。神は始めであるとともに、神は人類の偉大なる召使なのです。神の霊を受けることが、神の子となることです。そして私たちは、大いなる贈り物を周囲のすべての人々に与える、という姿勢をとるのです。これこそ美しくも豊かなる奉仕です。

11項　人間自身の本質が、生命の書です。もし人間が自分の内なる性質にある「久遠の性向」を学んで、自分の性質の最奥にあるものを拡げ伸ばすなら、彼は自己を知り、宇宙を知り、宇宙の法則を知るものとなるでしょう。それには、何も教えてもらう人は要らないのです。

12項　このことは、自分の性質の中に動乱もあれば平和もあることを知っている人には明らかです。自己の資質の中に虚妄が入り込んだ時だけ、この動乱はやってくるのであり、調和に満ちたものをその資質の中に受け入れた時、彼は調和の中にあります。人間はみな化学者であって、苦しみを生み出すもの、歓びを生み出すものを、自分自身の中で調剤しているのです。

13・14・15項　自分の実存と、自分の中を貫流している神の目的に何が調和しているかを知るのは、音楽の協和音と不協和音を知ることと同じように容易です。後者は、完成した音楽家にすぐ判るように、ズブの素人にも明らかなのです。それと同様に、不調和や不協和を見分けるのは、最も頑迷無智の徒にとっても、大師同様にた易いことです。私たちは、自分が本来そのままで完全であるという完全感を鈍らせるような、精神的なあるいは感性的な反動をよく見分け、そのようなものに耽ることを拒否しなければなりません。

16項 人間に、自分の神性を忘れさせたのは、アダムではなくて無智です。実際には、何ら束縛はないのに、自分を束縛するのは無明です。あらゆる時間と空間に無限が満ち満ちています。故に、私たちの使命は、無限なるものすべてが私たちを貫いて働いていること、この事実によってのみ私たちの才能は計られるべきであることに目覚めることです。

17・18・19・20・21項 キリストの最大の教えは愛でした。何故なら、愛はあらゆる律法の完成であるだけでなく、およそ人生に起るあらゆる問題を解決するものだからです。愛は宇宙の法則です。愛が情熱となってその人を支配する時、彼は無限の空間のあらゆる力と相調和しているのです。愛の中にある者は神の中にあります。無限者との不可分の合一体として各人の中からまっ先に開発されるべきものは愛です。

無限者と一体なるが故に、人は無限者の現れすべてと一体です。といっても、世俗や隣人や自分自身の中にある諸々の不完全なものまで愛せよというのではありません。これららの不完全なものを意識の中から放下し、神を見、神を知ることの妨げとなっているこれら外側の仮面の、背後にある神性と合一するとよい。

22・23項　あなたの見ている世界が、あなたの宇宙です。「汝の見る地、そを我遺産として汝に与えん」。すべての背後に光があります。なぜなら、太初に光があったから。この光が人間の生命になりました。私たちの物理科学者さえ、光はあらゆる目に見える形あるものの基礎である、と言っています。故に、人間の本当の体は、物質的肉の体ではなく、肉を包含している光の体なのです。何故なら、ちょうど酸素と水素が水を維持しているのと全く同じ意味で、光は肉を維持しているからです。意識から無明がなくなると、私たちは光を見、光を顕わすのです。

24・25項　もし人が合衆国の憲法に従い、あらゆる人に生命と自由と幸福を追究する権利を与えるならば、彼は憲法以外のあらゆる法律に自動的に従うことになるはずです。最高の法則に従うことは、自動的に他のあらゆる法則に対する、すべての義務を果たすことをも含みます。宇宙の法則は愛です。もし人が、神と人が本来一体であることを自覚し、愛によって動くならば、それ以下の法則に反することはしなくなるでしょう。その意味で、彼は無限に自由な、何ものにも制約されない生き方を自然とするようになり、これらの下級法則の現れによる束縛感はすべてなくなるしょう。

26・27項　宇宙とその中に含まれているすべてのものは、単一の組織体をなしており、それを悟ることが私たちの使命です。そうすることが、宇宙自体にとって大きな係わりがあるというのではなく、人間の側の個々人にとって、あらゆる差ができてくる、というのです。物事の実相を知ることによって、解脱《げだつ》はもたらされます。

第11章

自我を超克する

子供たちは宇宙・自然・調和の雰囲気を放散している

1

イエス・キリストは「汝ら幼児《おさなご》の如くならずんば、天国に入ること能わず」と教えられましたが、これは最も深い真理の一つでした。子供というものは、未だかつて俗世の限定観念によって催眠されたことはなく、自分の本源と天真爛漫に相調和しています。たいていの大人が子供たちと一緒にいるのを好むのもそのためです。子供たちは宇宙の自然の調和の雰囲気を放散していますが、この調和こそが、人間の本来あるべき環境なのです。もしも私たちが、今まで俗世にかかずらう原因となった諸々の誤った考え方をすべて捨て切ってしまうならば、私たちは、「よーし、頑張るぞ」という、宇宙の働きからおのずと生ずる決心が自然とでき、われわれの本性を通じてつねに成就されたがっている仕事を完遂するようになるのです。

「自我に気づき次第、その自我を捨てよ」と、古代インド人は書いていますが、それは今日でもなお大師方の教えの中心です。この教えに反する気質が、人間の根本的な性質から抜け落ちて初めて、人間は唯一、正真正銘の生命を生きる望みがもてるのです。ところが、たいていの私たちの生き方は、生命の目的とその自然の趣向が全く逆となっているため、ただ肉体を崩壊に導いているのみです。「人間には正しいように見える道ではあっても、その終りは死である」とイエスは言っています。

2

宇宙生命の中に入っていくには

このことをよく知ってください。人間を本当に限定して不確かな状態と非能率の状態とに留めておくものは、自分自身の想念以外にはありません。従って、このような想念が除かれると、人はた易く宇宙生命の中に入ることができ、その生命は本来の可能性が現れ出る徴候を示し出します。「汝ら思いもよらざる時に人の子は来るなり」というのが偉大なる大師方の賢明なる教えでした。外界から人間の意識に入り込んでくる想念は、すべて外界の印象の反映です。しかし、人間そのものは、反射鏡ではありません。人間は神の顕現であるのであって、その本性の一番深い衝動（すなわち神の完全さを外界に表現したいという衝動）を素直に表現して初めて、人間は生きている甲斐があるのです。

自分の生命を天真爛漫に生きると、完全なる結果を生み出す

3

生命の法則の聖なる目的は、人間の性質を完全にし、純化して、実相の完全なる現れとすることです。外部の影響によって出来上った物の考え方には、催眠術的な魔力があり、本人にいろいろな自己制約や自己抑制を課すものですが、そのようなことなしに、前記のようにして生命を生きるならば、人間の性質は不断に純化されていくのです。

そのためには、各人が不断に自分自身を治めて、自分の心全体が、神の実現という単一の目的を達成するのに都合のよい、統制のよくとれた機関となるようにしなければなりません。こうして初めて人間は、使命を成就しかつ宇宙力の全面的支持が受けられるのです。神は何故私の考え通りに現れて、私の欲しいものを私にくださらないのだろうか、と訝《いぶか》る人がたくさんいるものですが、神は人間の我の考えを通して働かれるのではないのです。それはちょうど自然の法則が、発芽力のない種子は破壊はしても、それを通じては働かないようなものです。

神、すなわち霊は、御自分の仕事に従事し、御自分の理念と目的を成就しつつあるのであって、人間のほうではこの宇宙目的に同調しなければならないのです。そして、その時はじめて、彼は自分の生命を天真爛漫に生きる、完全な幼児の状態に到達するのです。天真爛漫の生命は完全なものであって、完全なる結果を生み出します。ところが一般に、私たちの考えは全く不完全か不充分のいずれかであって、その中には、真なるもの、善なるもの、美しきもの等を常に実現させる方向に動いている宇宙力の後押しを受けるような性質のものも、目的もないのです。自我以上のより高き力を、私たちの全実存の営みの決定者にならせるには不完全、不充分な考えを捨て去り、しりぞけさえすればよいのです。

4 憎み、怒り、恐れ、悲しみは自分の生命を脅かすもの

皆さんは、自然の第一の法則は自己保存である、と教えられたとよく言いますが、一応はその通りです。しかし、それは、人は他人の犠牲において、自分自身の生命を守る、との意味ではありません。生命の法則は、生命を保存し助長するための働きをします。大師の生活は生命を助長し保存する生活です、何故なら大師は、実存する唯一の生命〔神〕と

調和して生きているからです。大師には怨恨などのごとき個人感情はないため、大師のすべての行為の動機は、あらゆる生命をあらゆる侵害から護ることです。これが大師であることの秘訣です。

自分の性質の中にある、自分の生命を脅やかすもの〔憎み・怒り・恐れ・悲しみ、など〕を克服しない限り、人は生命の中にはないのです。生命を破壊しようとするものがなくなって初めて、彼は完全に生命の中にあるのです。イエスは自分を十字架にはりつけにした人々さえも咎《とが》めず、反って赦しの法則によって、彼らをその無明のカルマから解放されたのでした。

5

無礼者さえも、心の中で解放する

他者を咎めたり、他者の責任にしようとしたりすることは、自分自身を無明の渦中に投じることです。生命がある以上、常に生命を守ることです。自分自身の生命と他の人の生命をすべての無明の侵害から防ぐことです。生命をより豊かに、より多く、しかも調和のうちに顕現すること以外のものに引きずり込むような考え方や行いから、自分自身と他の人々を守ることです。それ以外の行為は、自殺のようなものです。

自分の周りにあるすべてのものの生命を守ることによって、自分自身の生命を不断に純化していくことです。他の人を守るのは、肉体的暴力から、本人の無智と他の人々の無明とから守ることでもあるのです。自分自身と他の人々を「人間的考え方」という催眠術から解放して、自分も他の人々も至高者の無碍《むげ》・自在なる子らであると観じるのです。こうして初めて生命に入ることができるのであって、「生命に入る」とは自分自身が大師となることです。誰か他の人が、自分に何か悪いことをしたら、直ちに自分の心の中で彼を解放し、同時にまた他の人々から彼が批難されたり断罪されたりする恐れのないようにしてあげなさい。常に彼を宇宙生命の中において自由に遊行するようにしてあげてください。

6 完全に光の中にある人

たいていの人々は、芸術家が聖人や大師方の絵姿に後光をつける理由を少しも考えようとしません。後光がついているのは、その方々が光被し（光を受け）て開悟したからであって、光耀（イルミネーション）は無明のヴェール、催眠術の暗雲が除かれれば、おのずから現れるものなのです。

子供たちの身体の周りにもこれと同じ光がある程度見られます。幼児たちが居ると何となく安らぎを覚えるのは、この光が放散されているためです。幼児たちは宇宙生命の天衣無縫の器です。これが、大師方の近くで感じる霊気であり、その周辺に見られる光です。大師方は幼児のようになっていて、光を弱めるがごときすべての世俗の考え方から解脱しています。光は生命です。人が完全に生命の中にあれば、彼は光の中にあります。彼は光そのものであり、実在です。完全に光の中にある人は、自分以外の者でも、本人が進んでこの霊気に感応する程度に応じて、彼らを同じ光に高め上げてくれるのです。大師方から光が放散しているのが見えるのは、何も超自然的現象ではなく、全く自然のことです。何故ならば、それが本来の生命の状態だからです。

人間の中には、あらゆる可能性が潜在しており、素直な見方さえすれば、自分の周囲のものの生命を本来のあるがままに見ることができるものです。それを妨げているのはただ一つ、今まで自分の姿だと思い込んできているものを放下しようとしないことです。ヴェールを捨てて、見よ、すでにして光は在るなり。

7

あなたに大師の資格を与える者はいない

進歩するためには、自分を大師と観じ、大師として振舞わなければなりません。あなたに支配術を教えうる者はいませんし、大師の資格を与えうる者もいないのです。なぜなら、それは実相において、すでにあなたのものとなっているからです。しかし、修練は必要です。大師に会わんとするならば、大師のなすがように生活し、大師の考えるように考え、大師の振舞うように振舞うのでなければ、大師と会えてもそれと気づくことはありません。

8

大師なら人生にどう向き合うだろうか？

自分が毎日直面していることに、大師ならどう対処するだろうか、そう考えて自分の問題に当るようにしてごらんなさい。自分の周りの者に大師ならどういう口の利き方をされるだろうか、そう考えて、人に話すようにしなさい。自分の周囲の人々に対する大師の態度はどんなものだろうか、と考えて、それと同じ態度を現すようにしなさい。大師がくよくよしている様子が想像されうるでしょうか？　大師が人の噂話をしたり、人を憎んだり、そねんだり、怒ったりするでしょうか？　ある特殊な仕事に怯《ひる》んだりするでしょうか？

要するに、ここにあなたの手本があるのです。大師なら人生にどう向き合うだろうか、と自分で考えてみることとです。それがまさしく、あなたが人生に向き合う方法なのです。このように人生に向き合い、さらに、そうすることが、自分と一体である宇宙の中で展開する、決断なのだと自覚するならば、あなた自身が大師の地位を得る種は、芽を出し、十分な背丈に成長するでしょう。

9　見せかけの「我」を捨てよ

大師方の教えられたことは、常に真実であること、光を受け、悟りを得るためには、何も長時間結跏趺坐をしたり、神秘的な儀式や宗教行事を、あれこれとしたりする必要のないことに、あなたは確信が持てませんか？　大師方は私たちのためにすでに道を用意してくださったのです。また、諸々の雑念妄想でいっぱいの心を捨てて事に当り、まさにありのままの生命に入れば、あなたは大師の地位を得ます。さらにそれを持続して、人生に向き合う時の自らの姿勢とするならば、その時あなたは大師となるのです。このことを大師方は証明してくださいました。

あなたのその見せかけの「我」を捨てて、実は本能的にはそうすべきだと感じている生活・人生・生命を生き始めるのです。そうすれば、それが本当の「真我」の生命・生活・人生であったことを知るでしょう。

10 自分自身の中にこそ師を求めよ

それからまた、学ぼうとする多くの人が間違って思い込んでいることですが、大師や導師を得るためにわざわざ、インドまで行く必要もありません。自分にとっての導師や大師は、自分自身の「真我」なのです。大師方やイエスは英智と力を得ようとして、俗世の中を旅したのではなく、内なる神である「真我」にこそ、それらを求めたのであり、このことが彼らの大師となった所以なのです。

自分自らの中にのみ見出さるべきものを、外に求めている限り、見つかるはずはありません。真の大師の教えを知りうるのは、つねにこの方法によるのです。正覚を得ていない者は、外に出て師を見出さなければならないと言いますが、大師方は、「自分自身の中にこそ師を求めよ」と言っています。

これこそが、キリストが世に明らかにしようとした主眼点なのでした。「ここを見よ、かしこを見よ」とは反キリスト的教えです。「内にまします父なる神」こそが、真実のキリストの教えです。

11 毎日の修練が完全をもたらす

自分の真我の中で働いているもの、自分の本性の奥深くにあるもの、これを外に出さなければならないことが、今や判ったわけです。次には毎日の修練が完全をもたらします。本能的に感じていることを身をもって行い、理想の生命・生活・人生を生きることによって初めて、今まで自分が求めてきたものすべてが、実は、すでに、完全に、顕現して、今、ここに実在していることが判るのです。必要なのは、これまでの性格から完全に抜け出て、新しい性格に入り、あるべき生命・生活・人生を生きることだったのです。

12 智慧のある真実な生き方を

人が我の心ではなく魂、すなわち真我によって生きることを学び取ると、人生のすべてが手に取るように判ってきます。自分のなすべきこと、行くべき所が自然と判り、人生が簡易で調和にみちたものになるものです。それが予定された人生、実存のままの人生、人みなが究極において生きるべき人生なのです。

子供たちは大人が教えると、教えられた通りの想念の世界に住んでいるだけです。第一彼らは、自然のままにのびのびと生きています。私たちはそういう子供のようにならなければならないのであって、子供たちを私たち大人のようにしてはならないのです。と言っても私たちが智慧のない生き方をしなければならないとか、思想をなくするとかいう意味ではなく、智慧ある真実な生き方をし、私たちの思想をして、内なる真我の正しい表現であるようにすることです。

13 自分がすでに理想の人物になっていると振舞うこと

今までの見せかけの自分から、本当の自分に完全に変ること、実存がままの生活・生命・人生に入ることには、若干の決心が要るのは事実です。インド人は、信仰のいかんを問わず、自分の信仰のためには、自分のすべてを与えます。自分の霊的義務だと信じていることを成就するためには数百キロもの歩行をも、あえてします。これと同じように、私たちが、こうあるべきだと本能的に思っているタイプの人間になるように一所懸命になれば、私たちは困難もなく目的を達成するのです。私たちはいたずらに希望したり願望したりすることを止め、まず実行し、自分がすでに理想の人物になっていると振舞うことを、まず始めることです。

ある通信員グレイス・G・ハーン夫人からの手紙

以下に紹介するグレイス・G・ハーン夫人からの手紙は、真理を学ぶ者にとって興味ある、かつ、有益な示唆に富んでいるので、この度、本課の一部として追加することにしました。ハーン夫人は筆者とともにインドでの調査隊の一員でした。前回にお便りしてからの体験をもう一度述べてみます。

スポールディングさんのお友達のM・M・ゴウズさんが、スヴァーミー（ヒンドゥー教の僧侶やヨーガ行者、聖者に対する尊称）・パラミナンダ師のアーシュラム（道場）の在るダッカまでの船旅にわたくしたちを招待してくださいました。わたくしたちが通り抜けたジャングルときたら、説明の仕様にも困るほどのひどさでした。河は所々で非常に狭くなり、船が二隻並んで通ることもできなくなるほどでした。そうかと思うと今度は河幅が広くなったりするのです。しかし、それから先は万事うまく行きました。

三日目の夜八時半のこと、わたくしたちが寝台で寝ていると、恐ろしい衝撃を感じ、すぐ近くで大きな叫び声が聞えました。別の船と衝突したことが判ったのはそれから間もなくのことですが、その時の様子は、混乱と恐怖がしばらくの間はあたりを支配した、と申し上げるだけで充分かと思います。相手の船のボートが数分のうちに沈んでしまったことを知らされました。わたくしたちの船にも損傷はありましたが、死人は出ませんでした。しかしそれ以上先へ航行することはできなくなりましたので、その夜はそこに停泊することになりましたが、電灯は消え、船はひどく浸水していました。

そこへ、わたくしどもを招待してくださった方の小さな息子さんが、甲板上の騒ぎの中に入って来て、こう言いました。「パパ、神様がみんなを助けてくださったよ。ボクもう寝てもいい？」。しばらくの静寂の後、わたくしたち一同は、この祝福されたインド少年が、わたくしたちに与えてくれた教訓の内容が理解できました。わたくしたちは、「そうだ万事うまくいくんだ」と確信しながら、静かに寝入ったのでした。その静かな確信と純朴な子供らしい信仰によって、船一杯の人々を鎮めた未来の大師が、まさにここにいたのです。

翌朝は、次の町へゆっくりと進み、汽車でカルカッタに戻りました。わたくしたちは非常に素晴らしいインドの方々数名とお近付きになりました。その中のシルカルとおっしゃる方が、スポールディングさんにご自分の著書を進呈したのですが、その本からわたくしが感銘した1ヶ所を引用してみます。

「自然の力と霊的な力をすべて制御して、これを生命の開顕に応用し、生命をますます純化していくことができない限り、完全なる真理と生命を美しく花咲かせて楽しむことはできない」

わたくしたちは、この方と幾時間も幾時間も一緒に過し、おかげで自分が非常に豊かになった感じがしたものでした。

偉大なる大師の教訓

ある日の午後、カルカッタ大学で聞いた話には教えられるところがありますので、ここで触れておく値打が充分にあると思います。それは紀元前600年の出来事で、その時代でさえいろいろな教説の間に一致しないところがあって、そのためにある信者の一部が主流派から分れて先生にその意見を変えさせようと説得を試みたことがありました。ところが、時間をかけても説得が無駄と判ると脱退派のリーダーは、非常手段に訴えることにきめて、先生を待ち伏せしました。先生が目の前を通り過ぎると彼は抜刀し、先生に切り付けました。先生は傷を受けて倒れると、襲撃した弟子を呼び寄せ、喘ぎながらも、「言っておきたいことがあるからしばらく傍にいてくれ」と頼むのでした。先生は、この弟子に、「この現場からすぐに離れて先へ真直ぐ行けば誰もこの事件を知らずに済み、たくさんの人が自分の死に対する復讐騒ぎをせずに済む。なぜなら、私は大いなる悟りに向っているからである。しかし、もし君が今来た道を戻るならば、君のこの行為のためにたくさんの人に面倒をかけるだろう」と、懇々と言って聞かせたのでした。そのお蔭で、犯した罪の故に悩んだのはただこの弟子一人ですんだのでした。師を害しうると考えた男に、この偉大なる大師はこのような教訓を与えたのです。

大師の怒りの超克、宇宙のあらゆるものに対して愛を注ぐという修練

さて、わたくしどもは、先週の月曜日にカルカッタを出発して、スヴァーミー・オームカール師の道場に到着しました。ここは、鉄道から48キロも離れた田舎にある、素晴らしいのどかな土地です。2日間休養した後、わたくしどもは、師に一人ずつ呼ばれて面談することになりました。わたくしが、師が静かな声でお話しなされるのを坐ったまま聞いていると、師の周り全体と後ろに光が輝いているのに気づきました。わたくしはびっくりするとともに、それが消えはしないかとしばらくは心配でしたが、わたくしが室内にいる間中ずっと消えずにいました。部屋はちょうどスポールディングさんが何回となくお話しなさったように、全体がボーッと光っていました。これは、わたくしの初めての現実の体験でした。わたくしは、このことをいつまでも懐かしみ忘れないことでしょう。

昨晩も、わたくしは再び師とともに2時間も過す特権を得ました。師は、大師とは何か、すなわち大師の地位とは何か、について詳しく説明してくださいました。大師方は、何はともあれまず第一に自力で大師になるのです。怒り、妬み、貪り、自分本位、所有欲——妻の夫独占欲、夫の妻独占欲——、利己心、その他わたくしたちが身に泌み込ませてしまったたくさんのことを超克することが大切です。

わたくしたちは、遥々数千キロも超えて、一人の大師に出会ったわけですが、何のことはない、この方は、実は、わたくしたちが自分の家庭や環境でやればできたはずだし、またやるべきであることを本当にやり遂げただけであったのです。ところが、このわたくしたち自身は譬《たと》えてみれば、ちょうど自分の周りは豊富に牧草があるのに、柵向うにある草を欲しがる牛のようなものです。スヴァーミー(導師)は、「道」に踏み出す基礎として、一つの言葉をわたくしたちに与えてくださいました。それは、「修練」です。自分がすでに知っていることを毎日実修すること。怒りの超克を実修すること。宇宙のありとあらゆるものに対して、自由自在に愛を注ぐ実修をすることとです。何か非常に大きな位を与えられたとしても、毎時毎日永遠に修練することによって、わたくしたちはその結果を見、かつ人生学校における、次の課程を受ける準備ができることになります。常に沈黙を守っているこの方々は、自我超克の法則の価値をよく知っていますから、毎日少なくともある時間だけ沈黙に浸ることをまだ学びとっていない人々とは交わりを致しません。

では、わたくしども西洋の混沌とした精神状態で、どうすればこの方々に接触することが望めるでしょうか？　まず第一に、議論は大師と接触する扉を閉ざしてしまいます。開かれた心と直観のみが、門戸を開いてくれます。今までのところ、それだけをわたくしはインドで学びました。そんなことくらいは、今までにも知っているつもりでしたが、このような聖者の前に出ると、それがただの理屈でしかなかったことを、すぐに悟るものです。本当に実行することと、自我を超克してこの聖者方のように本当に成りたいという魂の切なる願いが必要です。

さて、ここにまた、年は12ですが素晴らしい少年がいます。この子は大師の卵です。この子はわたくしどもが自分の用件や欲しいものを言いつける前にちゃんとそれを予期しています。目は魂の窓と言われますが、この子に自分の用を足してもらおうと思う前に、もうすでにわたくしたちの前に静かに立っているこの子の微笑の輝きをお見せしたいものです。

昨晩のことですが、この子がわたくしの部屋のドアのところに立ったまま、何となく去りがたくしていました。インドの風習にまだ慣れていませんでしたので、わたくしはこの子が自分から用件を切り出すのを待っていましたら、例によってにこやかにわたくしのほうに進み出ると、わたくしの目をじっと見つめながら、「僕、小母さんをとても愛しています」と言うではありませんか。そう言ってしまうと、くるっと身を翻して、脱兎のように駆け出したのです。瞑想の実修中でも、この少年は一時間も不動のまま沈黙のうちに坐っている子でした。年かさの人たちには、居睡《いねむ》りする者もいるのに、この子に限ってそれがありませんでした。

1週間、この師とともに楽しく過してから、わたくしたちはマドラスに向けて南下しました。スポールディングさんは、さらにティルバンナマライに前進して、『神秘のインドを探る』の著者ポール・ブラントン氏に会いました。スポールディングさんから、出て来てくださいとの電報を戴きましたので、わたくしたちは1泊した後、スポールディングさんとブラントンさんに迎えられました。それから現に生きているインド最大の聖者の一人シュリー（男性の敬称）・ラーマナ・マハールシの道場に連れられて行きました。

そこには、たくさんの人々が、ただこの偉人に触れたいという目的だけで幾時間も床の上に結跏趺坐をしていました。マハールシは、弟子たちに自分の時間を捧げている聖者の一人です。師は質問を受けない限りは一語も発せず、質問に答える前に、まず答えが自分の内なる神我から湧き上るまでは、沈黙しています。このような様子に接するだけでも、わざわざ旅してきた値打がありました。

全インドから集まってくる巡礼者大集会では富める者、貧しき者みんなが神、神、神を拝している

ティルバンナマライからポンディシェリーに行きました。ここには、ある偉大な方がいますが、公には年に3回しか、お姿を見せません。この次お姿を見せられるのは2月24日です。その道場は、記憶に長く残るべきものです。そこには、実に多くの修行者たちが住んでいて、その有様には非常に心をひかれるものがあります。彼らの顔には、一点の疑いようもないほどに、彼らの過している生命と生活との輝きが出ています。

ここでわたくしたちは、1月13日にアラハーバード・メーラー(訳者注＝アラハーバード で開催されるクンブ・メーラー＝壺大祭)、つまり巡礼者大集会(訳者注＝サドゥーと呼ばれる苦行者、ヨーガ行者、聖者が集うヒンドゥー教の大祭)があることを知りました。そこでわたくしたちは、一応カルカッタへ寄ってからアラハバードに廻りました。この大祭で見た情景を、わたくしは一生忘れることはないでしょう。ガンジス河の聖なる水に沐浴するために、インド全域から巡礼者がここに集まっているのです。ガンジスとヤムナの両河川がここで合流し、河水は氷のように冷たいにもかかわらず、彼らはその中へ飛び込んでいくのです。この宗教儀式に加わるためにこそ、彼らは極度の困難の下に長途を旅し

てきたのでした。１００万もの人々が、ただ一つの思いにつながる、それはこの佳き日にガンジス河に沐浴することなのでした。

中には、突拍子もない身なりの人々もたくさんいます。裸あり、野蛮すれすれの者あり、象や駱駝《らくだ》に乗っているのもいれば、牛車に引かれている者もあり、そのすべてがガンジスに向っているのです。もはや一点の疑いも疑問の余地もないままに、現れ出ている宗教的情熱に、わたくしは大きな感動を受けたのでした。それは、わたくしの理解を超えたものでした。それとともに「いったいわたくしは、ここで何を求めているのか？」との疑問が幾度も幾度も心の中で繰り返されました。その答えは、ホテルに引き揚げた後に来たように思いました。それはこうです。

「あなたは人類皆同胞という第一原因を探しているのだ」。人がもし外部だけを見るなら、またこの人たちをある種の病人と見るなら、さらにまた、黒は黒で、白は白だと言うなら、どうして全人類と一つになることができましょう。汚れて病み、泥土の中をうごめく赤児を愛撫し、貧に取りつかれ、家もなく、文字通りに飢えながらも、ただひたすらにガンジスの「聖なる水」に浴するために、極度の艱難を嘗めつつ、遠路を歩む母親の胸に脈々と脈打つ愛を観ないでよいものでしょうか。生まれながらにして備わる神性の閃火の他に、いったい何がこの４人をせき立て、彼らなりの神の観念の足許に身を横たえさせるものがありうるのでしょうか。

わたくしども西欧人は贅沢にかこまれて神を拝します。しかし、彼らは無一物です。彼らの足は疲れ痛み、持てるものといったら、ただそのエネルギーだけ、そのエネルギーを彼らは1年に一度、さらにまた6年、12年、24年ごとに同じ地に会し、彼らの方法で沐浴し、礼拝することに捧げているのです。その情景を想像してみてください。狭い土地に、和やかに、楽しく、歌い、歓びつつある100万もの人々の姿を。何らの混乱・干渉の気配もなく、自ら好むままに礼拝するという各人の権利を、皆が尊重している様を。

わたくしは、およそ想像だにできない苛酷な条件の下に、この世にありうるとは思いもかけなかった、しかも無数の苛酷な状況の下に、この土地で、真実の同胞精神を啓示されたのです。しかも、この巡礼者たちの心からは、愛がほとばしり、その目は羨ましいほどに測り知れぬ深さを湛えているのです。そうしてみんなが神、神、神を拝している。それぞれに違う多くの言葉、富める者、貧しき者、こちらが微笑めば、必ず微笑みが還る。事実、こちらが思い切って彼らに笑いかけ、彼ら流儀で挨拶すると、驚くようでした。

しかしわたくしは、もしわたくしたちがこの同じ環境にあれば、果して微笑むことができただろうか、と真剣に考えたのでした。一呼吸ごとに神を拝し、ほとんど雨露さえも凌げずに、ガンジス河まで四つん這いになって、わたくしたちが行けるでしょうか？　いいえ、行きたいとさえ思うでしょうか？　本当にわたくしたちにそれができるでしょうか？

本当にできるものでしょうか？

インドであろうとアメリカであろうと乞食は乞食

わたくしたちは、髪を編み、身体は灰で覆われ、ふんどしだけをつけた、裸のサドゥー（苦行者）たちにも会い、「何故肉体をそんな目に遭わすのですか？」とたずねてみました。その答えは、自分らは虚栄心を捨てており、もはや俗世間を気にしたりはしない、ということでした。これがその人たちの考え方です。しかし結局わたくしたち人間は、いろんなことを言い、いろんなことをするけれども、つまるところ、自分の良心の命ずるままに、また個人個人の進化の程度に応じて行い、かつ、考えるものです。

わたくしたちは、肉体を飾り立てることに誇りを持ち、彼らはその極端を行って、洞窟やヒマラヤの山々で神に関する瞑想にその一生を費やします。彼らの場合、まずその内なる資質を実際に顕現することが先であり、その後初めて世に出で、世の人々にその内的体験・悟りを説くのです。それに引き較べて、西欧のわたくしどもは、有象無象の主義・教条・独断説、それも理論に走り、頭だけのものがあるのみです。この巡礼者大会のために、全インドから集ってくるこれら幾千もの人々は、自分なりに把握している神の生活を実際に送っているのです。もちろん職業的な乞食もたくさんいはしますが、そのような輩は、間もなく見分けがつくようになります。それには、直観が最良のガイドです。インドであろうとアメリカであろうと、乞食は乞食です。ここでは乞食が「生」のまま見られます。アメリカでは、最上流社会でも姿の変わった乞食をたびたび見かけるものです。

ガンジス河から、ある人が杖をつきながら帰ると、すぐその後ろから、彼の召使が主人である彼の松葉杖を持って随《っ》いて行くのを目撃したことがあります。これがいったい何を物語るかはお判りでしょう〔松葉杖に頼っていた人が、ガンジス河での沐浴中に奇蹟的に癒されて帰る状景〕。

もう一つの大いなる日が間近に迫っています。24日金曜日に、6年ごとの巡礼者大会があるのです。その模様を見るために、私はここに泊ります。その後でまたこの手紙の続きをしたためることに致します。スポールディングさんは今日隊員二人をガンジスに連れて行きました。わたくしは、その留守番をしながらこの手紙をしたためています。

グレイス・G・ハーン

【講義指針】

本章を講義するに当っては、まずハーン夫人からの手紙を学習者たちに読み聞かせてください。同手紙には、本課の趣旨が完全に述べられています。調査隊が経験した事件は、次々と本書にも描かれているので、教師は本書と手紙の中の描写を容易に照合することができます。

1項　昔から伝わっている幼児についてのこの教えは、私たちに弱い心になれとか智慧を取って捨てよ、とかいう意味ではなく、「生命・生活・人生を、私たちの内なる本性から催すままに生きよ」ということです。子供たちにとって、大人が理解しにくいのはそのためです。子供たちの心には、大人のようには種々雑多の思想が詰め込まれておらず、ただ心の奥で感じるがままに生きています。

ところがこの内なる感情が大人たちの思想に染まって鈍ると、子供たち自身までが大人並みに鈍り、潑剌《はつらつ》さを失ってしまう。人は思想によって、成功に導かれるのではなく、むしろ思想は成功の結果です。人間の進歩の一歩一歩は内にひそむ確信から出てくるのであり、思想は成果を説明するために生じたものです。

2項　人間は、本当は何ら限定されたものではありません。何故なら彼は「無限」の複製だからです。それにもかかわらず、自分の思想によって自分を限定しているにすぎません。内からの催しのまま生命を生きることです。そうすれば、生命の実相を見出し、かつまた、自分自身の実相が自分の大師となる鍵であることを知るでしょう。思い、言葉、行いは生命が表現される出口、または手段であって、生命を生きて行く上での基準ではありません。

3・4項　宇宙の目的は生命を永続させ、それを徹底的に完全にすることにあります。それは人間の中にあるところの生命と調和するものだけを支持し、生命に反逆するものを打ち壊して人間の本性から追い出してしまいます。「悪は悪自身を滅ぼす種子を生む」と言いますが、その通りです。しかし、悪の中の滅びの種子とは、実はその本有〔本来有るもの〕の善なのであって、善が顕れ出る時、悪が亡び、後には善の外何ものも残らなくなるのです。かくして、生命とは善であり、常に現存し、常にそれ自身を成就しようとして働いているものです。

5項　自分や他人を批難するのは智慧あるやり方ではありません。本当に智慧のあるやり方はただ一つ、自分や他人を普遍なる神性以下のものから守ることです。地上の富を維持するのに執心するように、自分自身や他の人々に潜在している本質を守ることに執心するならば、世界は真の大師たちで一杯になるでしょう。

6項　鏡の中の自分自身をよく観るとよい。悲しみの時、その顔に少しでも光が輝いているでしょうか？　喜びで浮き浮きとしている時、そこに光が輝いているでしょうか？　もしそうでなければ、自分の理想とする生活（そのような生活を当然生きるべきであり、また生きる能力も持っている）を生きる時に、我が身内から発するであろう光を想像するとよい。

7・8・9項　「神を知りたいならば、自分が神であるとして振舞え」。

大師の生き方がどんなものであるか知りたければ、自分自身でそのような生き方をすることです。そうして初めて私たちは本当に知ることができます。自分の中にある神の霊が啓示するのでない限り、神のことは何人にも判るものではありません。

10・11項　**光を受けて開悟した人たちと、そうでない人たちとの教えのはっきりした違いは、光明開悟した人々は、「自分自身の中に沈潜して英智を得よ」、と説き、その他の人々は、「自分自身の外にこれを求めよ」と説いて廻るところです。**自分自らの中に見出しえないものを自分の外に見出しうるはずはありません。世界は自分が世界に与えたものだけを与え返すのです。

12項　人は、自分の心の状態と魂の状態の違いをよく学ばなければなりません。心はああだ、こうだと言い、これとあれだけしかできないんだ、と言います。しかし魂は、自分自身が不死であり、大師であることを知っています。魂の働きに、変化は決してありません。諸氏の奥深き所にある望みは、大師方のすべてのそれと全く同じなのです。

13項　理想に完全に献身することが理想を達成する秘訣です。殻を打ち破るのは、ただ願望し希望することだけではなく、完成の目標に向って執拗に努力することです。

第12章

遍満する宇宙生命力プラーナ

宇宙生命力を呼吸によって取り入れる

1

宇宙生命力が、あらゆる状態、あらゆる原子を取り巻きかつ貫いていること、この生命力を呼吸によって、私たちの体内に取り入れうることは、今日ではよく知られた事実です。私たちのすべての行為を、この生命力に合わせ、私たちの想念すべてをこれに調和させることができるものです。

空気よりも精妙なプラーナの吸入

2

「この生命力を呼吸によって取り入れうる」というところに注意していただきたい。呼吸とはいっても、ただの呼吸行為によってこの宇宙生命力を体内に吸入するのではありません。呼吸をしながら、プラーナに深い注意を払うのでなければ効果はありません。このプラーナは、私たちの物質的形而下の空気よりも極めて精妙なので、単なる肉体の生理過程の影響は受けません。ちょうど、単なる肉体の呼吸作用だけでは電気を体内に吸入できないようなものです。といってももちろん、呼吸するごとに幾分かの電気、もしくは私たちが電気と呼ぶところのものは、体内に取り入れられます。さらに言えば、プラーナと時に言われる宇宙生命力も、ともに取り入れられるのです。

ところで、私たちが何かに注意を払うと、注意を払われた対象はすべて心に印象づけられ、次にはこの印象が観念となり、観念がやがて言葉となって外に出るものです。これは一種の心の呼吸作用とでも言うべきものでしょう。いっぽう、私たちには、存在のあらゆる部分を完全にしたいという、「深き憧憬」ともいうべき「内的注意」がそなわっています。「外的注意」がこの「内的注意」と結びつくと、言い換えれば、セネカのいわゆる『魂の窓』のように、「内的注意」がいつも外なる宇宙の完全さに向けられると、周囲にある宇宙力の諸要素が、自分の体内に入ってくるのです。

神秘家たちは、一心集注が宇宙力を取り扱う際の成功の秘訣であることを、常に教えています。「内なる息」と呼ばれるものを実現するには、周囲の霊的エーテルへの深い、真摯な、一心不乱の注意と、完全にゆったりした肉体と、すべてを吸収しなければ止まない関心と、心の完全な開放が必要です。これがすなわち「魂の呼吸」、言い換えれば、「真我」をその故里《ふるさと》のエーテル、相互貫通する生命力、シュタインメッツのいわゆる霊的エーテルの中へ拡大させていくことであり、そうしてプラーナは一心集注の働きによって、人間の全存在の中に吸い込まれるのです。

プラーナ／あらゆる細胞の成長を刺激・拡大する原動力

3

この生命力は、宇宙に満ちている以上、あらゆる元素を貫流しています。プラーナは、実はあらゆる細胞の成長を刺激・拡大して、植物のみならず、動物の肉体をも構成させる原動力です。事実それは、あらゆる種類の生命体の成長とともに取り入れられているのであって、生命の維持元素です。一方、プラーナは逆に生命を吸い込む働きにも転じます。なぜなら、あらゆる他の力と同様に、プラーナは同時に積極的・消極的働きをし、作用と反作用を営むからです。ちょうど空気の渦の流れが、それ自体の中で作用・反作用をするようなものです。この空気の渦の流れの様子は、空気が息をしている、すなわち空気が動いていると同時に、空気が空気自体の中で、空気自体に働きかけているといってもよいでしょう。

4 プラーナ呼吸法／エネルギーの最高根源につながる

この遍満する宇宙生命力、すなわち、プラーナを意識的に利用する方法は、インドでは普通プラーナーヤーマと言われています。プラーナ呼吸法と言ってもよいです。要するに、宇宙生命力を意識的に呼吸する行法です。その正確な方法を充分に説明することは困難であり、また方法全体を述べるには多くの時間と頁数が必要でもあります。ともあれ、行法の第一歩は適当な呼吸をすることで、その後は自分でよく注意して真面目にやれば、自分に向く方法が見出せるものです。既述したように、全行程にわたって一心集注をすることが、一番基本的であり、また重要でもあります。

一心集注とは、およそ存在するエネルギーの最高の根源、すなわちまたすべてをつないでいる神と称される臨在への一心集注です。その際、心身に緊張があってはなりません。従って、どんな方法でもよいので、最もよく心の緊張を解消してくれる方法が、第二の正しい方法です。実際、プラーナ、すなわち霊的質料は極めて精妙で敏感なため、ほんのちょっと力が加わっても、外れてしまうものです。

皆さんは、空中に浮んでいる、ひときれの微かな糸屑やわた毛などを、摑《つか》もうとしたことはありませんか？　緊張するほどに、あるいは、素早く捉えようとするほどに、それは逃げてしまいます。しかし、実は、指の間に自分から降りて来るようにじっと静かにしていることが、正しい摑まえ方なのです。こういったところが「魂の呼吸法」の真相に近い説明でしょう。

それはまた、忘れていたことを思い出そうとするようなものでもあります。思い出そうと気張ると、反って思い出せないものですが、心を安らかにして、静かに反省でもするような気持になっていると、すぐに思い出せるものです。プラーナもそういったもので、静謐と確信によって、心身の中に吸入されるのです。心のあらゆる面にひっかかりがあってはならず、体は完全にゆったりしていなければいけません。全身の細飽が実際にバラバラになったみたいに、すべてのひっかかりが完全になくなり、自分が完全に拡がり大きくなった感じにならなければなりません。

この行法を、肉体の制約感を全く忘れてしまうまで続けると、初めてこの普遍的宇宙質料を、自分の全存在の中に受け容れる最も完全な精神と肉体の状態に入ったのです。その時初めてプラーナはその人の全存在に流入し、生命、特に人体を維持し活気づける要素となるのです。この統御法は、肉体をいつまでも若く潑剌とさせるものです。

5 プラーナは心に意識を生じさせるもの

プラーナの吸入は、肉体の細胞と組織を拡げ、それによって肉体の酸化作用を増進させる肉体維持と賦活の方法です。また、肉体の全細胞を、その本源であるエーテルにさらす、いわば完全な霊的曝気《ばっき》法です。ちょうど一条の光線にいろいろな色が見られるように、プラーナには、生命のあらゆる要素の在ることが判ります。これがプラーナより劣ったすべての力の本質です。

プラーナは酸素ではなく、酸素に生命を与えるもの、酸素の中にある事実上の生命です。これが電気に力を与えるもの、心に意識を生じさせるものであって、言い換えれば、プラーナより劣ったすべての力の中、背後にあって、それらを支える実在です。聖書では、神の霊と言われています。プラーナーヤーマ、すなわち霊的呼吸法は、肉体の成長のために取り入れた要素全部を正しく拡げ、拡げることによって、要素全部が酸化、すなわち、ものを新鮮にするために、空気や太陽にさらすように、「さらされる」のです。

あんまりくっつけて詰め合せたものは、品が悪くなりますが、お互いに引き離して空気、特に日光がよく通るようにすると、新鮮になるものです。ちょうどそのように、肉体がゆるんだり、心や霊に何の捉われもなく自由になったり、心身全体が伸びて、プラーナが自己の全存在に浸み通るように意識すると、全心身が元気づき、生き返り、清新となります。これがすなわちプラーナーヤーマ、霊的呼吸法です。しかし、ともかく一心集注が秘訣であり、この行法の基本です。日光浴から最大の利益を得るためには、太陽に注意を集中しなければならないではありませんか。

6 ヨーガ行者たちは生命要素の本源につながって肉体を更新する

あるヨーガ行者たちが、ある期間身体の動きを止めることができるのは、この行法のおかげです。これが、身体の全組織を休息させ、その本源あるいは根源に接触させて、肉体を更新するのです。肉体は回復し、肉自体がその本源の生命要素に接触します。同様にして、ヨーガ行者たちは呼吸を停止することによって、同様の結果を得ます。それはまたちょうど、人がしばらくの間水中に沈んでから、新鮮な空気の中に再び浮び上ってくるようなものです。だからといって、身体の動きと呼吸を止めてみることは、溺れることにしかなりません。何もそんなにまでしなくても、身体をのびやかにして緩めると、賦活エーテルによって生かされ、生命によって力強く満たされ、元気が回復して栄養がつくのが自覚され、外的呼吸、すなわち肉体の外部を動かす必要はなくなります。こうして人は、「中から生かされる」のです。

7 万物に浸透しているプラーナと心の働きには密接な関係がある

この行法は、肉体を活気づけますが、同様にまた心も生かします、人々の心の働きが良くないのは、心が緊張し、いわば萎縮しているからであって、そのために自由自在な働きをしないのです。プラーナーヤーマはちょうどきつくなりすぎている機械のベアリングをゆるめて、オイルをよく行き渡らせるようなもので、そうすると、それまでより自由に動くわけです。この場合、不思議なことに、無数の記憶がよみがえり、自分が初めはいったい何であったかということまで思い出せます。この記憶は、何らの努力なしによみがえるのであって、さらにまた自分が知りたいと思うことが瞬間的に、しかも容易に心の中に浮びます。

プラーナは万物に浸透しているため、プラーナと心の働きとの間には、密接な関係があります。プラーナは部分的な心の働きはさせません。何故ならプラーナは、各人の機能を宇宙に結びつけるからです。プラーナはもちろん遍満するものであって、同時にあらゆる種類の活動、無数の活動の道を開くものです。プラーナはすべての質料の基礎をなしている放射エネルギーです。もちろん質料はその原始状態においては、エネルギーであり、エネルギーは質料です。私たちのいわゆるエネルギーと質料は、単一の原初エネルギーの両面にすぎず、この原初エネルギーこそプラーナ、すなわち霊なのです。

8 プラーナとエーテルの違い

もっと正確に言えば、プラーナは霊の要素の一つです。何故なら霊はエネルギーであるだけでなく、智慧であり質料でもあるからです。それは、エーテルよりも精妙なものです。西洋ではエーテルをプラーナと決めてかかっていますが、両者には精妙さと働きにおいて差異があります。プラーナは常に活動していますが、エーテルは新しく発生していくものです。ですからエーテルは、転化しゆくプラーナあるいは、現象化しゆくプラーナです。電気のような自然の精妙な力、その他森羅万象を動かしている要素はみなプラーナの異なる形態であり、プラーナの働く媒体であるのです。

9

プラーナを不断に取り容れるなら、その肉体は永遠に生命を与えられる

人体その他物質的な形あるものが崩壊すると、それはプラーナに回帰します。まず初めはいろいろな形態のエネルギーに、それから普遍的・根元的力に戻ります。もし人間の全存在の中にプラーナを不断に取り容れるならば、その肉体は永遠に生命を与えられるのです。すなわちますます元気づき、ますます活き活きとして、ついには最後の敵・死をも克服するのです。プラーナを正しく会得することによって、老齢や死を克服している人々が

いますが、彼らはプラーナの力で肉体を再建しているのです。もっとも人が寝ている時も、この現象が軽い程度で起ってはいるのですが、身心ともに完全に緩め、プラーナの存在を意識して、それに一心集中することをさらに付け加えるなら、常在するプラーナが全身の中に吸入され、心身の最大限度の更新が達成されるのです。

10 智慧・生命・質料は三位一体の要素

智慧は、実在の第一の属性であり、その意識活動がプラーナ、すなわち万物の生命力であり、質料の両者の働く形相です。智慧と生命と質料は、西洋でもそう定義しているように、第一原因における三位一体の要素です。智恵は、その知る働きの面であり、生命は生かす働きの面です。資料は形相となる働きの面です。プラーナは普通質料と生命の両方の要素を包含するものとして用いられ、この両者がまた智慧の容器あるいは媒体となり、それを使って智慧が形相を決め、かつ統御の働きをするのです。

11 始原の智慧を意識的に活用せよ

この始源の智慧・生命・質料こそ、まさしく全能の神が活動している像なのです。しかし、このことは、各人が自分自身の上で事実として意識しなければなりません。いずれ、この三態の見分けがつくようになりますが、見分けがつくとともに各人がそれを意識的に活用しなければなりません。

12 森羅万象すべてはプラーナ・エーテルから発するエネルギー

アメリカの物理学者、ロバート・アンドリュース・ミリカンのいう宇宙線とは、実はプラーナの波のことです。いずれ科学者たちは9種の宇宙線を発見するでしょうが、それはすべてプラーナにその源を発するのです。それを正しく用いれば、非常な利便性をもたらすことになります。ちょうど7種の色彩が一条の純白の光線の放射であるように、この九つの宇宙線は、プラーナ・エネルギーから放射されたものです。実は森羅万象すべてプラーナ・エーテルから発出する、いわゆる力あるいはエネルギーの分れたものや、それらが再び結集されたものにすぎないのです。

13 光は生命であり、光は決して死なない

どんなものでも、その中心に遡れば、それは純粋なる光です。これがイエスの言われた「内なる光」であって、神智の光耀です。人間の霊的目覚めが大きければ大きいほど、その光もまた大きくなります。楽しい気持で眠りから醒めた人の顔には輝きのあることに気づいたことはありませんか？　人が霊的に目覚めると、この光もそれに対応して明るくなります。画家たちが後光の射しているイエスを描く理由もここにあります。

光は生命です。これが「世に入り来る人、すべてを照らす光」であり、密教各派の入門者が、神智の光耀を受ける適格者となるために、くぐり抜けなければならなかった「火」

です。この光は四方八方にあり、プラーナ・エーテルの放射したものです。それはまた森羅万象の始めであり終りでもあります。人が感官の対象である肉体の中に住んでいるように、この光の中に生きることができれば、彼は不死永生となったのです。なぜなら光は決して死なないからです。

考古学者たちは、トランス・ヨルダンには古代文明など何もないと信じ切っていましたが、わたしは同地にある種の光が輝いている、という知らせに注目したことがあります。この光を目当にして行った人々はいち早く、考古学上の遺跡を発見して、その中で作業をしています。このようなことがペルシャでも起りました。ゴビ砂漠では、まだ見てはいませんが、同地方にもこの種の光がいつも現れていた、という言い伝えはあります。

この光が最初のバベルの塔、すなわち本物の石で階段型のピラミッド形に造り上げた塔の上にも現れた、という完全な史実も実際にあります。しかし、この光は「一つの目」によってのみ見られるものです。「一つの目」とは人間の全感覚と能力が一つの方向に向けられている一心不乱の注意であり、このような方向とは聖書が「彼の顔貌の光」と呼んでいるもののことです。

14

ヨハネはプラーナの光をすべて吸収できた

これがまた、黙示録でヨハネのいう「新しきエルサレムの光」です。ヨハネはプラーナの光の用い方をよく知っていました。彼は、広い霊視能力を持っていたので、プラーナの光が全部吸収できたのです。彼の霊視能力は、いわゆる霊眼を遥かに超えたものでした。もっともいわゆる霊眼は、この霊視能力の一部ではありますが、これに比べると進化の一階梯おくれたものです。それはちょうど、本当の光、あらゆる人を照らす光が自分の中にあるのに、外の人から光を借りてきて、その中で暮すようなものです。

15

光によっておのれのニセモノを焼き尽せ

この光を目指して、私たちは進んでいかなければなりません。そうすれば、私たちの進化をとめたり、私たちを自分の生得の権利〔神の子として完全であり、すべてを支配する権利〕から引き離したりしてしまう低級の官能は、脱落するのです。自分の行動が自己限定されると、どうしても高級の感官によるプラーナの光の顕現と使用から遠ざかってしまいます。しかし、プラーナの光が顕現するようになると、心霊能力もよく統御されて、有用な手段となるものです。このプラーナの光は、心霊現象に出てくるいろいろな力をずっと上廻った波動を起しています。さらにまた、霊媒になることや、いわゆる心霊能力の開発は、直接プラーナの光を顕現する手段ではありません。

16 プラーナの霊的光で人を退化させるあらゆる力を克服できる

ちょうど闇に光をあてて闇を消散させることができるように、プラーナの光はいつでもこれを呼び出して、プラーナの光に背いて人を退化させるようなあらゆる力を克服することができます。それを、「神我」の中心にすることができます。「自分はプラーナ光の力であり、それを今放射するのである。自分はそれを今放射するのである」と宣言するならば、その都度それと一致しない諸々の力や声〔意見・主張・反対・攻撃等〕を打破します。しかし、それは「キリスト我」、各人に内在する実相の声でなければなりません。「聖名とキリストの力を通じて来るものの他、我なにものをも持たず」と言った時のイエスの考えがこれでした。このことはイエスがプラーナを最高に発揮したことを暗示しています。

イエスの変容

17

イエスの変容は、イエスの意識が、智恵と生命と質料は、究極において一つであり、この一つなるものこそが、イエスのいわゆる第一原因者であり、それはあたかもスペクトルに現れるいろいろな色彩が、一条の純白光線に還元するようなものである、との悟りと合一した時に、起ったのでした。

プラーナへの統一

18

一つの意識、一つの原理、一つの感覚があるのみです。私たちが、いろいろなものの差異、すなわち見かけ上は相異なる機能や属性をあまり問題にしていじりすぎると、ただこじれていくばかりです。心の働きをいろいろに分けて扱うのは、自分自身のエネルギー等をますます浪費し、ますます自分の本源〈実相・神我〉から遠ざかるだけです。見よ、われらが神は一つのみ。プラーナの力は、常に私たちの周囲と中で働いている、という一点に思念を定めて初めて、私たちは統一、すなわち全体と一つになるのです。ヨハネは、「外に在るものは、実は内に在るのである」と言いました。彼はこの主張を、常に実存し、常に活動してやまない偉大なるプラーナの力にまで及ぼしたのでした。プラーナのこの活動こそが、森羅万象と全空間にわたっている、唯一の活動なのです。

【講義指針】

スポールディング氏がインド旅行隊のために行った以上の講義は、あらゆる学人にとって最も重要な課題を扱っています。そこには、カルカッタ大学のインド人である学者や、その他の東洋の科学者の心と、東洋の宗教の間にある密接なつながりが啓示されています。

諸々の差別の壁が解消し、宗教と科学は、唯一の真実に対して、それぞれ反対の方向から追究することはあっても、究極においては一致するものであることが、一般に認められるようになる時期に、私たちは急速に近づきつつあるのです。

1項　成功した生き方は、普通人間が大切だと思っているものによって支えられているのではないことを、明瞭に理解させなければなりません。太初に人間を創造するため、諸々の力が働いたのですが、人間にとって　本当に必要なものは、当然これらの力の中に含まれているべきです。これらの力の中にこそ、目に見える　この宇宙を形成する源となった要素すべてがあるのです。これら諸々の根源的力に意識的に接触することによってのみ、人間は、生命のあらゆる可能性を、あますところなく立派に生き切る希望が持てるのです。

2項　「宇宙呼吸」というのは、肉体上の呼吸のことではなく、私たちの周りにある霊的エーテルの中で動いている、諸々の生命力と意識に接触することです。呼吸とは、空気中にある成分を自分の体内に受け容れ、肉体が同化しないものを吐き出すことです。「霊的呼吸」とは、霊的エーテルの中に実存し、静かに深く一心集中することによって得られるものを、意識の中に受け容れることです。人はよくこれを肉体上の呼吸に結びつけますが、この二つを混同してはなりません。

人間が何であれ、注意を払ったものは、その印象が意識の中に受け容れられ、印象づけられ、後になって、それが行動となって表面に出てきます。従って、霊的エーテルに一心集中すると、その成分が自分の存在の中に取り入れられ、このものの性質によって、自分の全生命が、より多く、しかも活き活きと表現されるようになるのです。

3項 人は、実在〔神〕のあらゆる力がすべてに浸透し、存在していることを深く瞑想し、かつ、ちょうど今すべての形あるものをそれと意識しているように、これらの力を意識するようにならねばなりません。これが、無限の力、すなわち支配力を開発する秘訣です。

4項 プラーナ呼吸は、何も神秘的なもの、難しいものではありません。従って、くどくどしい手ほどきは要りません。人間は、太陽光線を簡単にすぐ吸収します、それは、太陽光線が照らしているものすべてに浸透していく性質を持っているからです。この霊的エーテルの生命エネルギーの浸透力は、それよりもっと大きい。それを吸収するには、身体を楽にした、平静な、一心集中が秘訣です。

5項 肉体の緊張は、心が収縮したために生じた筋肉の収縮です。心の収縮は、いろいろな形態や環境の見かけの制約に心が引っかかるから起ります。生命をもっと広く見るようにすれば、まず心が解放され、次に肉体が解放されます。自分の全存在を、毎日よくプラーナにさらせば、自分の全能力が増進していくのがよく判ります。

6項　身体の働きを止めるのは、単に肉体のいろいろな機能の工程を止めることではありません。それは、肉体のあらゆる要求を満たしながら、しかも肉体を超越しているある行為を自分そのものであると認めることです。そうすると、いわゆる普通の働きは要らなくなります。大なるものは、常に小なるものに取って代り、小なるものの必要を満たします。故に、食事や呼吸をとめたり、心臓をとめようとしてはなりません。要は、自分の全存在が活発になるのに気づくまで、この聖なる存在、すなわちプラーナに専心することです。

7項　活力、すなわち生きるエネルギーは、食べものや呼吸の結果ではなく、宇宙の生命力の働きなのであって、これが人間の存在に生気を繰り返し与えているのです。

8項　霊とは、宇宙の全創造機構の働きです。それは、活動している神です。この活動には、神の性質中にある、あらゆる要素が動員されるため、その中には、天地創造の時に動員された成分が全部含まれているのです。

9項　死や老朽は、失敗や貧乏と同様に、人間の存在の本源からの働きの欠如にすぎません。

10・11項　普遍的原因者（神）は、自分のやっていることを自覚していますし、また、その目的を果すために個々の人間、すなわち、あなたのやるべきことも知っています。この霊の活動全体に普段から注意深くあることが、物事を成し遂げる力を知り、かつそれを自分のものにすることになります。

12・13項　光は生命です。ただし、エーテルとエネルギーにも高次の形態のものがあるように、光にも、さらに高次のものがあります。神の臨在（今、ここに神、遍満しますと観じること）を毎日実修している人だけが、この光がどのようなものであるかが正確に判るのです。ただし、深い瞑想に励む人も、それを垣間見ることはあります。

14項　本当の霊眼――すなわち明澄なる視力――は、形や相を見ることではなく、神霊の純粋なる活動を見、かつ知る心の状態です。

15項　「神の英智」に至る道に入る資格ができたと感じるようになってから、いわゆる偽我の克服をやろうなどと思ってはなりません。今すぐ、光の中に歩み入り、光によっておのれのニセモノを焼き尽すことです。いろいろな自分の欠点、病気、望ましからざる状態を放下することです。光に向いなさい。そうすれば、これらの状態はもうなくなっているのです。

16・17項　プラーナの光、すなわち霊的光は、物質的光と同じく、獲得するのに何も難しいことはありません。それは、常にあなたに向って動いており、ちょうど物質的光が大小によらず開いている所をさっと瞬間的に閃き通るように、あなたの最高の理念を通じ、あるいはまた、少しでもその必要のある所に、パッと迅速に作用します。

18項　すべてをいろいろと複雑に分析・説明などしないで、ただ一つのものに還元することが、生活と霊的進歩全体を単純にすることです。

第13章

量子論／無限空間を満たすエネルギーの放射

量子論とは／すべての形あるものは、決まったエネルギーを放射している

1

量子論の研究には物理学の諸原理が含まれています。それは、自然界全体に行き渡るエネルギーの分布についての理論であり、黒体からの放射に関する研究の成果として、ベルリン大学で打ち立てられました。この研究は、次のような結論に達しました。すなわち、すべての形あるものは、決まったエネルギーを放射しているということ、そして、形あるものの世界には、活動していないものはないということです。あらゆる形あるものは、それ自身のなかにある程度のエネルギーを有しており、このエネルギーは、無限空間を満たすエネルギーの放射と同じものです。ある物が放射するエネルギー量は、それと宇宙エネルギーとの結びつきの大きさに、直接比例するのです。

エネルギーの大元である宇宙の原動力

2

ちょうど振り子が、それを動かす時に働かせた力の大きさに応じて、長い弧や短い弧を描いて揺れるように、すべての物は、それが動き出す際に必要とした量の活動的エネルギーをはじめに有します。そしてその後、物が保持するエネルギー量は、動き出す時に用いられたエネルギーとその物がどの程度結びついているかによって、ちょうど決まるのです。もし振り子が止まったとすれば、それはその推進力が影響を及ぼさなくなったからです。それと同じく、物を動かした、元々の推進力とのつながりが薄れるにつれて、物は活動しなくなるのです。このエネルギーが物の中で活動するのを止めると、物は崩壊します。

メタフィジカル（形而上）運動

3

このことは、形而上からみた場合、西欧人には極めて重大な意義があるのです。メタフィジカル（形而上）運動が合衆国にやってきたのは不況下の折でしたが、要するにその説には、何ら事実の根拠がなかったことが判ったのです。つまり、それは半真理を基礎としたものだったのです。私たちの形而上学は、まず事実を根拠としているのに、この運動の合衆国における解説者たちは、たいていがこの事実を見落し、誤解したのです。この間のことは、これから私たちが量子論を研究するとき、討議されることになるでしょう。

4 自分で自分を全体から切り離し、活力を失わせている

東洋、特に高度の思想を持った人々は、量子論が単なる理論や仮説ではなく、厳然たる事実を提唱していることを知っています。彼らは、簡単に言えば、ただ一つの事実、すなわち、すべてのものは遍満するという事実に立脚しています。この一つの事実に基づく以上、彼らは、科学と形而上学の両方に共通の、明確なる基礎を持つことになるわけです。西洋の心理学のごときは全く児戯にすぎないのであって、大部分が単なる理論を基礎としているだけです。精神的・物質的・肉体的というふうに区分けするのでは、その考え方にしても、75パーセントは、理屈を本にせざるをえなくなるわけです。区分けされるものは、単一体ではなく、単一体なら区分けのできるはずはありません。森羅万象は単一体であることが東洋哲学の基礎です。「我は存在するものである。我の他に在る者なし」との神告

は、すべてが相即即入《そうそくそくにゅう》の単一体である事実を永遠に宣言しています。

単に個人の心だけでなく、宇宙全体に存在する宇宙心は、本当は単一であるのに、いろいろな面や分科があると考えることが、この相即即入の単一体という基礎を、犯しているのです。物質的有形体は、宇宙全体から分れて独立しているものではなく、宇宙の普遍質料の中にあって、しかもそれと一体なのです。肉体やその他の物質体は、宇宙の創造体系全体の中における、孤立した面ではなく、宇宙の普遍的エネルギーの中にあって、それと一つなのです。

自分を個別の存在だと思い込ませる催眠状態に陥ってしまい、自分自身を孤立させることが、この相即即入の単一体という基本を侵犯するのです。そのために、自分で自分を全体から切り離し、活力を失わせ、遂にはこの現象界において今以上の実相顕現の能力を破壊する羽目になるのです。目に見えるものと目に見えないものとの関係を否定することは、自分自身を自分の肉体から押し出して目に見えない世界の中に埋没させることです。

5 東洋哲学とアインシュタイン

東洋の哲学は、決して単なる理論を基礎とするものではありません。それは明確な科学的事実、すなわち原理に基づいているのです。それは、アインシュタインが量子論の中で展開したのと同じ思想です。アインシュタインは、西洋のどの科学者よりも、それを明瞭に展開しましたが、これは科学、この場合、物理学、と真実の宗教思想との間の間隙を埋めるものと、多くの人々は評価しています。

6 全宇宙と自分との一体性を悟ると、エネルギーを発揮できる

東洋人は、こと宗教思想に関する限り、決して理論を弄《もてあそ》ぶことをしません。むしろ、それが理論でないことを、事実によって証明するのです。そのことによって、彼はその事

実そのものを成就し、その事実に含まれているいろいろな可能性を成就するのです。東洋の哲人が、喋々《ちょうちょう》と理論を語っている姿を見かけることはありません。彼らの話の基礎は、常に真実に置かれています。この真実をキリストは、「我と我が父とは一つなり」と、明瞭に啓示され、御自身と全体との一体性を貫き通したのです。これが、成功をもたらした生き方を生じる基盤であり、人はこの全宇宙と自分との一体性を悟り、かつその悟りを維持する程度に応じて、自分を地上の存在界に送り出したエネルギーを発揮するのです。

これが、純粋宗教あるいは純粋形而上学の観点から適用した、量子論の基礎であり、東洋の哲人たちが量子論に多大な注意を払うのも、ここにその理由があるのです。東洋の哲人から見れば、世界の科学者は、幾千年もの長きにわたって保持されてきた、東洋の宗教思想の根本に復帰しつつあるのです。

7 原理は一つ、科学的基礎も一つあるのみ

アインシュタインは、いきなりすべてが神霊だと言っているのではありません。ただ形

而下のもの、物質的なものが究極の実在ではないことを力説し、それは東洋の宗教と共通する決定的実在に依存していることを結果的に示したのです。それを彼は、一般原理と称し、あらゆる物理学の分野を、彼の言葉を借りて言えば、一つの頭の下に、相互の関係づけをしたのです。これぞまさしく高度の東洋思想が太古においてすでに決定したこと——すなわち、原理は一つ、科学的基礎も一つあるのみで、その基礎とは究極の実在〔神〕という一者——です。

8　知的なものを超えた世界にまで及ぶ東洋哲学の正しさ

それにもかかわらず、西洋はいったんこの大原理に立ち帰り、そこから筋道を立てて考えようとはせず、外側からそこに向っていっているのです。従って、それは必ずしも正しい形の思考にはなっていない、すなわち、その思考形態は真の科学的なものではありません。正しい考え方は、すべてまず原理から始まり、その後に、その現象形態に働きかけていくのであって、現象形態から原理に向うのではないのです。

何かある問題を逆に推理して扱おう、とする方法、すなわち、数字で現わされた大きさ、形、恰好、全般的な構造をまず調べて、それから逆に推理していって原理に到達しようとする場合を考えてみるとよい。西洋人は、人生の謎を解くのに、全くこれと同じやり方をしているのです。なるほどこの方法によって、彼らは高度に心的、すなわち、いわゆる知的にはなります。ところが、私たちがすでに知っているように、彼ら西洋人の知的な智識は、常に変更に変更を重ねてきています。それというのも、彼らの智識はその智識自体を証明するものではないからです。現代のある科学者が、ここ最近10年の、科学に関する文献は全部焼却すべきである、と語った理由もここにあります。東洋世界は知的なもの、通常の知的なものを超えた世界にまで及んでいるのです。

もちろん、**唯一の真実〔万物は神の顕現であること〕を根底とし、それに立脚する本当の原理や思考が、知性の最高の形態です。**しかしまた、仮説であっても、東洋で取り上げるものは、それを本物の知的基盤の上に乗せたうえで、明瞭な概念に仕上げていくのです。

量子論の基礎／仮説か理論を基礎とする西洋の哲学者vs唯一自然の事実に基づく東洋の哲学者

9

西洋の知性は、広範に及んではいますが、その仮説や理論は、何一つとして絶対的な結論に達してはいません。西洋科学は、すべて仮説か理論を基礎としてきています。西洋人は若干の決定的要素が存在していることを知る点までは進歩しましたが、事実を取り扱う際、唯一原理という単純な公分母に直接至ろうとは、決してしません。これに反して、東洋の哲学者は常にその前提の基礎を、唯一自然の事実の上に置いてきています。量子論の基礎もまた同じです。その基礎とは、すべての有形体が発生する根源となり、かつすべての創造された有形体を動かす力として働いている唯一の普遍的事実、すなわちまた、宇宙にまんべんなく配されているエネルギーのことです。

10 インド人の観念と西欧の一元論との違いは、後者が彼らのいわゆる自然、すなわち、被造物の盲目的力だけを残して他をすべて排除している点にあります。インド人は、この力をいつも、盲目的な力ではなく、自分のしていることを知っている活動的な「智慧ある力」活潑な力、「それ自体智慧をもっている目的」に向って動いている「同じくそれ自体智慧のある被造物」を成就した力、かつまた、「この力の持っている智慧」に協力して事に当れば誰でもあらゆることを成就しうる力、と考えてきたのです。

すべてを動かしている力とその目的を知る

11 以上全体を要約すれば、結局、正しい智識を持つことに帰着します。私たちがこれまで智識と称してきたものは、もはや過去に属するものです。真実の智識は、五官以外にあるのです。**智識の本当の基礎は、すべてを動かしている力とその力の働く目的を知ることにあります。**何故なら、原動力の目標を理解し、それに沿って働く人を通じて、あらゆるものを太初において生み出し、今後も生み出すものは、この原動力についての感覚、すなわち宇宙の原動力の動向に関する内的感覚だからです。

12 真の智識は沈黙、内的感覚からくる

真の智識は、三昧すなわち「沈黙」からきます。言い換えれば、「内的感覚すなわち直観的知覚」からきます。これがまさしく、私たちの言う「悟性」です。あらゆるものをなげうってでも、悟性を自分のものにすることです。心の奥で感じることに従った時に、実相顕現が成就するのであり、その時私たちは、正しい智識を獲得するのです。何故ならば、それは大原理から働き出たものだからです。これが、霊的事物のみならず、日常使用する原理等に関しても、すべての真実の智識が得られる方法なのです。私たちはある原理を発見し、それを応用します。すると結果が出てきて、これらの結果から、私たちの智識は形成されるのです。

13

智識よりも偉大なもの

この智識を完全に催眠世界外から得て初めて、私たちは基本事実すなわち真理に至るのです。しかし、智識は必ずしも基本事実そのものの中に在るのではありません。基本事実は、智識以前に実存し、かつ智識よりも偉大です。インド人の言葉を借りて言えば、「智識はこの基本事実が現象化した時、直接そこからくる」のです。

14

何が心や物質を産み出すのか？

聖書に「肉は益するところなし」とありますが、それは「肉が無である」と言っているのです。肉は、肉を産み出した霊の現れであるという他には、肉自体としての実在性がない、ということです。肉は産み出すものではなく、むしろそれは産み出されたものであるが故に、それ自体としては、何物も産み出さないのです。産み出すのは霊なのです。インド人の表現を借りて言えば、「肉体は、形を持った霊」なのです。

彼らは肉と霊、物質的なものと霊的なものとの間に何らの差別も設けません。従って彼らにとっては、両者は全く同じものなのです。彼らが霊的に大成する理由もここにあります。「肉となった言葉」とは、真の霊的な形体のことです。

15 信仰も「知る」ところまで進むと、本質に他ならなくなる

霊が現象化した形体の中で働く時は、法則に従います。この法則を知ることができれば、明確に霊を知ることができるわけです。ボーロが言っているように「信仰は霊の本質なり」で、その意味は、信仰も、「知る」ところまで進むと、本質に他ならなくなるということです。そうなると、今までの見えざるものを信ずるのではなく、それを事実として知るのです。サンスクリット語は、以上のことを正確に伝えます。霊についての証拠——それはまず信仰から始まり、やがてそれを知るに至る——が、創造するのです。この験証に

よって、人は常に創造するのです。ただし、それは五官、すなわち物質的・肉体的感覚によるのではなく、本来神霊である質料を手段として、創造するのです。

16 本能的に知っていること、無限意識を引き出す

信仰は、心の活動原理です。心が信仰によって起動し、内奥にある、知る働き、すなわち悟性に働きかけると、それは智識として完熟する、すなわち絶対的智識となります。霊的直観とは、思考・推理等の過程を経ずに、直接に知る働きであり、言い換えれば無限意識という本源に口をつけて、無限の意識を引き出すことです。

この直接に知る力は、実はあらゆる人に生まれながらにして備わっているものですが、中にはこの力を幼い頃に現す人もいます。それは主としてその人たちが、他の人々よりも、他人のいろいろな意見や考えの持つ催眠効果にあまりかからないからです。つまり、人類が本当の知識と思い込んでいるが、実は妄智に他ならないものに支配されることが、少なければ少ないほど、その人は自分が本能的に知っていること、本当だと感じるものにます

ます容易に従うようになるのです。このような力が、常に各人にあるのであって、それを発揮しなければなりません。

17 霊的直観を開発していたイエス

イエスは、「我は聖名において来るもの、またキリストの力を通じて来るものの他何ものも持たず」と言って、常に霊的直観を直接感受するようにしました。イエスが言ったことは実は、人間が人生のあらゆる面においていかに進むべきであるかを示した教訓だったのです。すなわちイエスが父なる神と一体であったように、人もまた父なる神と一つであれ、ということです。

イエスがこの父なる神と接したのは、いつもキリスト、すなわち神の言葉、すなわちまたすべての人の内なる真実〈神我〉によったのでした。「キリストはすべてであり、すべての中にある」。キリストとは各人の内なる実相〈神我〉です。

18 直観にはただ一種類しかない

肉の視力には一つしかないように、直観にもただ一種類しかありません。私たちは思いの方向に目を向けて、何でも見出すことができます。また美を求め醜を見るにしても、そのどちらも同じ視力を用います。私たちは、自分の直観〔力〕を訓練して、一方は望ましく、他方は望むべからざるものです。するど、決定的原理〔神〕とその諸々の働きを探り当てることができますが、反面それを訓練して亡霊の界層に向け、そこで起るいろいろな心霊現象を見ることもできますし、あるいはそれを訓練して隣人に向け、彼が密かに抱いている思いやその動機等を探ることもできます。

しかし、いずれにせよ、根本原理［神］そのものの働きを知ること以外の方向に訓練された直観は、あらゆる五官の背後にあるこの感覚自体を歪めるものであり、その結果は催眠です。なぜなら、それは各人の明澄な覚知力を曇らすからです。程度のいかんを問わず、催眠から逃れる唯一の道は、直観を訓練して直接智の媒体とすることです。これが光の道であり、直観を少しでも曲げるものは、暗の道です。

霊から来た直観を表現する

19

五官を破壊すべしとか、殺すべしとか、あるいはまた逆用すべしという密教の古い説は、純粋なインド哲学とは一致しません。インド哲学では、すべては霊であり、五官も霊である、故にそれは霊的に用いるべきであり、その真の霊的意義をよく保たなければならない、と教えているのです。そうなると、五官は、霊から来るものを直感で覚知したところのものを表現する道となるのです。この「霊から来るもの」を直接に知ることは、同時にまた、それをそのまま表現することです。もし私たちが原理の中に啓示されている真実を受け入れるなら、それは直ちに私たちの上に現れてくるものです。事はそのように簡単なのです。ところが、西洋人は、それを無理やり複雑怪奇にしてしまったのです。

万物は一体であり、万象は一つである

20

物質と称しているものの本質が、実は純粋な霊質であることを正しく悟ると、何故そうなのかが、判るようになります。インド人は、「立方体を圧縮すれば別のものになる。それを拡げても、また別のものになる」と言っていますが、こうして変ったものを、物質的なものとも形而上的なものとも決めることはできません。なぜなら圧縮したり伸展したりしても、その性質が変るわけではなく、ただ原子の相互の位置が代るだけだからです。

水や氷は、その形のいかんによらず、成分は同じH_2Oですが、それが縮まったり拡がったりする力は、その四番目の次元です。同様に、原子の単純な再配列によって、物をある大きさから別の大きさへと引き伸ばす力は、物の四番目の次元であり、その物本来の性質は変りません。

ところで、すべてのものが霊的な質料によって造られている以上、今まで霊と称してきたものと、その現れとの間には境界線はありません。万物は一体であり、万象は一つであるのに、何かそうでないものが他にあると勘違いするのは、きまって催眠状態に陥っている時です。この催眠状態を通して、人は偽りの影響を物に与えますが、そのような歪曲は、彼自身の無智による虚構なのです。

【講義指針】

1・2項　量子論のこの説明の中に見出される教訓は、各人の心に、自分に欠けているものは、すべて自分で自分を、本源の第一原因から切り離してきたためである、という事実を強く刻みつける得難い機会を提供しています。電流を切られるとモーターが止まり、スイッチが切られると電灯が消えるように、人間も神の霊から我と我が身を切り離したその程度だけ、機能することを止めてしまうのです。

3項　自分の頭の考えだけで世間を操り、肯定法を使って目に物を見せてやろう、ということになると、遅かれ早かれ彼は大成の能力を失ってしまいます。自分がすべてのものと一体であること、神と一体であることを深く瞑想することによって初めて、彼の力はよみがえり、その力をふるうべき本来の持場に復帰できるのです。人間は、自分だけでは、何ごとをもなすことはできないのです。活かすのは霊であり、心も資質も霊によって活力を与えられて初めて、彼の行いと言葉は活き活きとして、力強い動きができるのです。

4・5・6・7項　人間が本物の真理から出発するか、あるいは見せかけだけの、または偽りの仮説から出発するかは、彼にとって非常に大きな差が出てきます。計算通りの結着になるかどうかは、彼の出発点である基盤または、原理のいかんによります。その基盤が偽物であれば、結末も偽物とならざるを得ません。万物ことごとく大いなる普遍的全体の中で始まったのですから、自分の行動の出発点は、事実上この基盤〔すなわち普遍的全体〕以外にはありません。人は、原理を自分の考えに適応させることはできないのであって、自分自身が原理に適応しなければならないのです。そうして自分の考え・思想をその原理から引き出さなければならないのです。次には、行為をやはりその原理に合せて初めて、自分の基本的な性質〔実相〕に合致する結果が出ることが期待されうるのです。

8・9項　この項には、本物の考え方と偽物の考え方、正智の含まれた論理と偽の論理、との差異が述べられています。私たちが、物事の外側のほうから当ったり、あるいは、これなら自分の考えていることに合いそうだと思われるような、外側の結果だけを求めて事をなすのであれば、私たちの心は完全に逆さまになっているのです。

　宇宙には、確立された秩序があるのであって、この必然の秩序に自分自身を合せて初めて、私たちは満足すべき結果が望めるのです。

10項　宇宙をデザインして創造した力が、意識ある主体の指図も受けずに動き廻っている智慧なき力、あるいは盲目的力だとは、到底考えられるものではありません。例えば、電気は稲妻や落雷等は別として、私たちの日常のことでは、智慧をもって制御しなければなりません。さもないと、光熱も電力も出て来ないわけです。電気そのものは、盲目的な力ですが、智慧の制御に従うために建設的な結果を産み出すのです。そのように、宇宙の創造的力でも、すべて智慧の指図に従わなければならないのであって、さもなければ秩序ある創造はありえなかったのです。

11・12・13項　自分の中に普遍的力・すなわち神の霊が働いているのが感じられるようになるまで静謐を保つことによって、正しい智識はやって来ます。それが働くと、活気を与える力となるだけでなく、人間の心の中に悟性を目覚めさせます。「全能者のインスピレーションが悟りを与え給う」。

まず数学の規則に黙って従うことによって、数学の原理の働き方を把握しなければならないように、まず沈思黙考してから神の原理の働き方、扱い方をものにしなければなりません。普通のいわゆる智識とは、我の考えの積み重なったものであり、本当の智識は、すべてを神の霊が現象化したものと観じる結果です。智識はある過程が完結して初めて得られるものであり、悟りとは、途中を見るだけで結果がはっきりと判ることです。

14項　心にも物質にも、何ら創造したり産み出したりする力はありません。産み出す力は、神の霊の中にあります。生かすのは、神の霊です。何かある思想を後生大事に持って、それで肉体を駆使したところで、本人の生気を消耗するだけです。神の霊と交わって初めて、生命は新たになり、力は目覚めるのです。

15・16項　信仰は原理を見分けて適用する手段です。まず第一に、信仰は心を安らかにし、ひとりでに新しい推進力を得させる。第二に、この推進力に頼って、初めて信仰が結実する。ゆえに、信仰は、一種の心の変圧器であって、それによって今まで成就されなかったもの、あるいは、現れなかった諸々の力が現れてくるのです。

17項　**イエスの力の秘密は、御自分の深奥の本性の中において働いているものを実際に感じ、それを「内なる父」と呼び、この「内なる父」を完全に信頼したところにありました。**神の法則は、自分の内なる各部分〔器官・組織〕に書かれていて、内にあって働くものに、外にあって従うことは、内なる能力を外に顕わすことです。人間の本性の、いと奥深き側において働くものこそ、実は普遍的宇宙原理の内部的働きです。

18項　直観は意識を増大しうる今一つの道です。直観によって人は、生命の内なる事実を得ることができます。人が神の全智すなわち、すべてにわたる智慧を感得するように訓練されると、彼は絶対的に知る働きによって、いかなることでも、いかなる状態でも、把握することができるのです。

19項　体表にある五官は、内なる智識を外界に表現する媒体あるいは道です。体表にある感官だからといって、これをダメだときめつけたり、破壊したりしてはいけません。自分の全存在の機能を、自分の本性の最も深きところにある傾向に合致させるように努力して、神の観給う通りの自分を顕現するようにしなければならないのです。

20項　すべてのものはバラバラに分れているのではなく、孤立しているのでもなく、本質的には全く同一のものであって、ただ進化の楷梯を異にするだけであると知ることによって、唯一の第一原因（One First Cause）の産物として、人間に本来属する力と支配権を、所有するようになるのです。

第14章

要約／内在の力で大師となれ

誰でも大師になれる

このたびの、私たちの学術旅行については、大師方が成した不思議な現象を述べるよりも、むしろ大師方の実際の教えや行法のほうを、より学習者たちに与えるように努力しました。インドで私たちが実際に見聞したことについては、あまり力を入れませんでしたが、それでもこの旅行について何か教わりたいと思う人々の心を満足させるだけのものは述べてあります。もし、私たちがこれまでに出遭った出来事や体験を逐一述べるとすれば、大師方が現に実証している生き方を、学習者自身もまた、身をもって生きて行く上での助けとなる重要な教訓を伝える時間も余白もなくなるでしょう。

学習者は普通、大師方が用いている考え方と智識のほうに余計関心を持っています。各人が自ら大師たる境地に到達する方法は、大師方の考え方と智識を知ることにのみあるのです。尚、奇蹟的な出来事や大師方の生き方は本書の第一・二・三巻で十二分に扱われています。

この旅行から私たちは、実地に役立つ多くの智識を収穫しました。その主要な点を学習者たちの心にはっきりと浮び上らせるように復習しようというのが、ここでの目的です。

こうすることによって、学習者は、真理の光を受けた人々が遂に大師の段階にまで到達するに至った動機に、自分もまた従い、そうして、自分の生活を鋳直すのに有効な基礎、しかも明瞭に説き明かされた基礎を、自分のものとすることができるのです。大師となることは、誰にとっても一応は可能です。しかし、それは本で読んだり、研究したり、理論づけをしたりすることによってできるものではなくて、大師方が送った生活を実際に送ることによって、到達されるのです。

催眠術にかかってはならない

普通の人が生きている生命すなわち、生活あるいは人生は、実は催眠にかかったものであることが、明らかにされています。結局大多数の男女は、生活・人生・生命を最初に自分が意図した通りには生きていません。100万人の内の一人としても、まさしくこう生きるべきだと常日頃心の中で感じている理想像通りに、のびのびと生きていると感じている者はいません。彼は、自分自身について、世間の思惑を気にしています。彼が従っているのは、彼自身の実存の法則ではなく、世間の人々の意見なのです。

この点において、またその程度に応じて、彼は催眠術の魔力の下に生きているわけです。彼は、自分が儚《はかな》い物質世界に生き、死んでから天とやらに移って初めて憂き世から逃れ得る、一人の人間に過ぎない、との妄想の下に生きているのです。

しかし、このようなことは、生命の経綸《けいりん》と目的に仕組まれた予定航路ではありません。人間の内なる本性に従うこと、自分が本能的にこうあるべきと思うように、生命を表現することこそが、生活・人生・生命の実に基礎なのであって、大師方は、それが唯一、真実の生き方であると、啓示しているのです。

大師方と苦行僧は何が違うのか?

大師方の教え、行いと、苦行僧のそれとの違いは次のようになります。まず、苦行僧は、心の催眠状態を強くするにすぎないのです。偽りの物質的描像は、人々の感じやすい心に一層強く刻み込まれ、彼らはより深い催眠状態に陥ってしまうのです。

これに反し大師方は、「外にあるように見えるものは、決して実存しているのではない」と言っています。これは、外からの見かけが、生命の真実の相ではない、という意味です。生命の真実の相は、人間存在の中核そのものから外に出てくるものです。大師方は、あらゆる方法で、自分の心から世俗の印象を除いて浄化することを求め、自分の性質の最も奥にある傾向を明らかに見定めるため、座って、長い間サマーディ――静寂――に入ります。

次に、自分の中にそれと見分けた「動くもの」を、実際に身（行い）口（言葉）意（思い）に現して生きるのです。大師となる真の術は、自分の内にある導師、すなわち内なる真（神）我、の教えを生きることであって、俗世の意見を求めることではありません。

生命と調和を保つ大師方の方法

苦行僧たちの方法は、西洋の形而上思想界の教えや方法と、大した違いはありません。雑多な教師たちや本から雑多な考え方を寄せ集め、それでもって、人間というものはこんなものだとでっち上げ、人々にもそう思い込ませるのは、嘘で固めたものであって、大部分が催眠術のようなものです。他人の心から出た考え方に従って自分の意識を造り上げるのは、ニセモノの状態を、自分で自分に押しつけることです。

肉体をあれこれ操ってみたり、いろいろなことをあれこれやってみたり、あるいは体内に一心集注して、その中枢や機能を目覚めさせようとするのは、その人を生命の実相から一層遠くへ投げ出すことになり、「その人の最後の状態は、最初の状態より悪化」するのです。

外部からの教えは、一応心で受けたら、自分自身のより深きところにある正智をもって点検し、消化し、分析した上で、それが自分の真我に合致するかどうかを決めなければならないのです。外的事象に関しては、まず真我に相談してから、真我から直接知識を得るのが一番良いのです。前者の方法は、遅いうえに、人間の進歩を遅らせますが、後者は迅速であり、かつ人を諸々の迷妄から解放するものです。他者の教えに従って行動する場合と、自分が本能的に正しいと感じることに従う場合の違いに、気をつけてみてください。その結果は自らにして、生命の道行きが内から外へ進むものであることを、私たちに教えているはずです。

生命の諸々の力は、音無しの働きであって、大師方が寡黙なのも、主な理由はここにあります。また、それが生命そのものと調和を保つ大師方の方法です。西洋の聖書でさえ、言葉数が多いと罪を犯さないでもない、という意味のことを教えています。私たちは、自分の心の奥深くで感じるものに同調して語る時だけ、生命の真の工程に完全に合致して自分を表現しているのです。

自分がこうあるべきだと感じていることを行う場合と同様に、自分がこうあるべしと感じていることを話した時、自分が自由でのびのびとしているのに気づいたことはないでしょうか？　また自分のいと奥深きところにある情感が、正しいと是認するものに合致しないことを口にした時、何となく自分が小さくなったような、縛られたような感じがするのに気づいたことはないでしょうか。

ガンジーが唱導した無抵抗の思想

これが、ガンジーが唱導し、また、インドの教えにつきものの、無抵抗の思想です。キリストはこの教えを強調されました。自分の真我と調和しない方法で話したり行ったりすると、抵抗を惹き起します。この抵抗が、催眠術的慣習の影響です。それは、人間の心を狭くさせ、本当の自分の像をあらわさせなくします。

この抵抗は、自分の心に起るばかりでなく、他の人々の目につくようになると、彼らまでがこの抵抗に加わり、それが繰り返して行われると全世界が闇になるのです。「密かに見給う父は、公に汝に報い給うべし」。悲しみのどん底にある時でも、他人が歓びで輝いている場合、それに対して怒る人はいません。しかし相手が自分に話しかけ、その歓びの中に引き入れようとすると、怒るものです。貧しい人に向って、「あなたは貧乏なんかする必要はないんですよ」と言えば、たいていの人は気を悪くすると同時に、ありったけの言い訳をして自分の貧乏をかばうものです。しかし黙ったまま、彼を豊かな雰囲気の中に連れてくると、彼の魂そのものが拡大して、豊かになるのです。喧嘩をしている両人を引き離そうとすれば、たいていは、こちらに食ってかかるものですが、自分の内なる真我から平安の雰囲気を放射すると、間違いなく、こちらの平安の雰囲気に感応して、争いを止めるものです。無抵抗の教えは、消極的なものではなく、内なる真我の強力な放射なのです。

人生の究極目標へ導いてくれる唯一の導師

社会の再組織や経済改革は、人間の目覚めた意識から出るものでなければなりません。人間自身が催眠術の魔力にかかっていながら、他の人間を支配する規則を作ることは、できるはずがありません。人間が互いに調和し合わない限り、人間のさまざまな思想を組織したり、動機を一様にしたりすることは、できないのです。まさしくここのところで、あらゆる食い違いが起るのです。

ある人は利己的であり、ある人はそうではない。ある人は成功しており、ある人は失敗ばかりしている。非凡の力と才能を持っている人もいれば、乏しい人もいる。自分の物質的な幸福のみを考えている者があるかと思えば、自分の外側の性質とは全く縁のない霊的な幸福のみを考えている人もいる。

このように千差万別の考え方と感情を持った大衆を調和あるものにまとめることが、どうしてできるでしょう。しかし、各人のいと奥深きところにある本性においては、人はその考えも動機も同一です。この内なるものを、外に現して初めて、地上に平和と調和は生じうるのです。人間の最奥の本性の中で動いているものこそ、大普遍心、すなわち神と同一なのです。

「汝らの内なる器官に神の律法は記されてあり」。大師たることは、内に埋れているものを表に出すことです。それは深い瞑想と真我への師事によってのみ実現するのであって、真我こそは、およそ人の見出しうるところの、また人生の究極目標へ導いてくれるところの、唯一の導師です。

真我を見出せば、あなたは大師である

克服とは、心や肉体や諸々の出来事の外面の状態をすべて捨てて、生命・生活・人生を最初からやり直すことです。自分はすでに今、今日まで成りたいと願っていた理想の人間〔神我〕そのものになっているのだ、という考えをもって再出発し、一所懸命その理想人間になりきるようにして、他のことはすべて忘じ尽すことです。ひとたび自分の真我を見出し、それになりきってしまえば、もはや、あなたは大師であり、世界の援助者なのです。そのような人々がたくさん沈黙瞑想の中にあって相協力すれば、組織化された産業機関、

戦争や社会改革意図から発するいかなる運動よりも、強力な影響を世界に及ぼすのです。人の生命・生活の与える効果は、その人の行為そのものよりは、行為の仕方にあるのであって、行為の仕方はまた、その人が自分自身をどのように見ているかの程度によって決まるのです。

言葉は使う人の意識に応じて力を持つ

ただあれこれと言葉を喋り散らしたり、言葉の力、すなわち言葉の振動効果をあてにしたりするだけでは、何ら大師養成の助けにはなりません。**言葉は、その言葉を使う人自身の意識のいかんに応じて、力を持つのです。意識を造り出すのは、「言葉」ではありません。**また、肉体を癒し、事態を変えるのは「言葉」ではないのです。言葉を生み出し、外に向っての行為に駆り立てるのは、目覚めた悟りでこそあります。言葉や行為はこの内なる目覚めの程度に応じてのみ、力があるのです。**その力とは、悟りの深さ、あるいは、言葉の背後にある意識の程度です。**

大師の真髄／心の分裂感に煩わされずに意識を浄《きよ》める

外部の影響によって語ったり行ったりしていると、その結果、心が催眠状態に陥るだけでなく、自分には相対立する心が二つあること、その心はバラバラの働きをするらしい、という観念が、頭をもたげるようになってしまいます。本来、心は単一であり、単一として作用するのであって、心が二つもあるように思われるのは、実はものの考え方が二組に分れているためにすぎないのです。

一組は外側からの印象によって生じ、他の一組は、心が本来の働き方をする時の、本来の状態に発するものです。内奥の本性から湧き出る以外の考えや衝動などは、すべてこれを否定し、はねつけるようにすると、やがて心は完全に統一され、調和するのです。こうすることによって、意識の流れ全体が浄《きよ》まり、その人の考えること為すこと、ことごとく普遍心と完全に調和して、自在の境地に至るのです。これが大師たることの実に真髄であるのです。

このように心は単一であり、心の分裂感に煩わされることなくして語りかつ生きることは、人間にとって、最大の賜物です。それができるのは、聖書によれば、元々人間には「健全なる心」が与えられているからです。言い換えれば、人間は、実は自分の本源〈神〉と完全に一体の状態で現象界にスタートさせられたのです。人は健全なる者、全き者だったのであり、人間はこの健全なる状態に帰らなければならない、とイエスも言われました。「聖（全き）霊、汝らに来るまでエルサレムにとどまれ」の「聖（全き）霊来るまで」とは、「普遍心〔神〕と一体であるとの感じに戻るまで」の意味です。

すべてが全一体である大師の生涯

霊が因であって、自分の本源たる因に還った時、初めて人は全く、かつ健やかになるのです。心において健やかであるだけでなく、体においても健やかであり、諸事健やかになるのです。何故なら、彼の全存在が、すべてのものの本質・本性である、大いなる単一者〔神〕に合一したからです。それが健やかさ、すなわちすべてのものが本源の中にあって本源と一つであることです。

健やかさ、すなわち単一が、全体以下のものを意味することはありません。また、何かの個体あるいは全体の一部でもありえません。それは、全体がそのまま一体であることでなければなりません。すべてが同時に全一体の一中心であること、すなわち、一つ一つの中に、全部の一体性が保たれ、現れているのです。

何かある事実を、局限化したり、分離したりすることは、それをその本性から全く引き抜いて、その意識を全面的に失わせることです。キリストが、「これらのもの、およびこれらより、なお大いなることを汝ら成すべし」と言ったのは、あるいはまた、「みなさんは、私にできたように、た易くこれらのことができるのです」とエミール師が言ったのは、この唯一真実の全一体意識、各人は全体に対し、全体との関係において、全体とともに健全であるとの意識から、そう言ったのです。

この全一体の生活が、大師方の生涯であって、誰でもいろいろな制度や宗教・人種・国家との結びつきを捨離して、宇宙との結びつきを受け入れるなら、大師のような生涯が送れるのです。イスラエルの子らをして、これを得れば対立の除去に成功を得させ、これを失えば、すなわち失敗するに至らしめた、「契約の櫃」とは、このことであったのです。

人間は全体から離れられない

すべての分離は、全く各人が勝手にそう思い込んでいるだけのことです。人間は本当は全体から離れられるものではありません。何故なら、人は全体の中において創造され、全体の一部であり、全体に似ているからです。愛は、人間の意識の中における偉大なる結合者です。故に、いつも愛の態度を取りつづけることは、万有一体の方向に進歩することです。それのみが、生命と健康と才能の唯一の維持剤です。

あらゆる人を愛そうと無理に努力するには及びませんが、愛を増大させ、自分の心を常に健全にすることは、永遠に求めなければなりません。愛の心が拡大していけば、早晩すべての人々に対する自分の対応が、愛に変っているのに気づくでしょう。そうして、この態度によって人は、自分自身だけでなく、周囲の人々も皆自他一体の自覚にまで、高めるのです。愛に目覚めた愛の情動には、いかなる差別もありえないのです。

内在の力、最奥の真実に耳を傾ける

わざわざインドまで出掛け、誰か大師の足許に坐ることによって、自己の支配が達成されたり、悟りが得られたりするわけではありません。**自己を支配するには、自分自身の本性に見出される、最奥の真実に耳を傾け、そのようにして学んだものに従うことです。この方向に向きを定め、この事実から出発するならば、必要な助けはすべて、瞬時に得られるのです。**

人間の内なる本性をかき立てる高尚な動機、真実の衝動は、すべてその背後に宇宙の力が控えているのです。それはちょうど種子の中にある生命の胚種のようなもので、そこに潜んでいる力を全部押し出して完全に表現させようとして、自然のあらゆる力が働いています。大師方の生き方もその通りです。常に真我に忠実であれ、真我の生命を生きよ、心の中でこうありたいと熱願してきたものに、外から見てもなりきってしまうまで、生得の真実なるものを顕現せよ、これがいつも変らぬ大師方の諭しです。

成すべきことを成すだけの力と、自分を養い、維持できるだけの質料を持つ

人間がこのような生命を展開させる動因に目覚め、それに帰った時、およそ宇宙に存在するあらゆるものが、その人に押し寄せ、彼を通して顕現し始めるものです。そのためにも**人間は、自分で自分を指図できるだけの智恵と、成すべきことを成すだけの力と、さらにそれを成すに当って自分を養い、維持できるだけの質料を持たなければなりません。**欠乏など、心を曇らせ、実相を見失わせる催眠術にかかったような考え方の世界以外には、存在しません。本来の宇宙との一体に戻り、宇宙が自分に注ぎかけるものを、意識的に受け取るならば、彼の心身のいかなる面にも、また彼の身辺の諸事にも、欠乏などありえません。

あなたの中に実存する大師

量子論は、生命の、この無限に完全・円満にして宇宙・万有と一体である基本的真実に

対する科学からの接近です。すべてのものが、打ち破ることも引き離すこともできないまでに一体である――この真理の他に、真の科学・宗教・社会機構・繁栄はありえないのです。

これこそが、偽我の超克、大師の生活、唯一真実の生き方、に至る道です。しかもそれは、今あるがままで、自分自身の内なる本性という密かなる所に見出さなければなりません。この方法によってのみ、解脱《げだつ》は得られるのであって、その他の方法で得られるものではないと、大師方は教えています。

キリストもまた、人間イエスの中において、同じことをこう言っています。「何人も、我に依《よ》らで父に至るものなし」。あなたの中に在る同じキリストが、またあなたに対して、この同じ教えを語っているのです。あなたが触れるべき至聖者は、あなたの内にこそ在る至聖者のみであり、あなたがなさんとする大師との接触は、ただあなたの中に実存する大師たる本性によってのみなされるのです。

著者：ベアード・スポールディング　Baird T. Spalding
1872年ニューヨークに生まれる。
1894年、科学者を含む11人の調査団とインド、チベットへ旅し、そこでヒマラヤ聖者たちの行う様々な超人的御業を目にする。この体験をまとめた記録は1924年に出版され、現在に至るも世界中で高い評価を受け続けている。日本では『ヒマラヤ聖者の生活探究』の題で親しまれている。
1953年、80歳で死去。

訳者：成瀬雅春　なるせ まさはる
ヨーガ行者、ヨーガ指導者。1976年からヨーガ指導を始め、1977年２月の初渡印以来、インドを中心にアジア圏を数十回訪れている。地上１メートルを超える空中浮揚やシャクティチャーラニー・ムドラー（クンダリニー覚醒技法)、心臓の鼓動を止める呼吸法、ルンゴム（空中歩行)、系観瞑想法などを独学で体得。2001年、全インド密教協会からヨーギーラージ（ヨーガ行者の王）の称号を授与される。2011年６月、12年間のヒマラヤ修行を終える。成瀬ヨーガグループ主宰。倍音声明協会会長。朝日カルチャーセンター講師。主な著書に『ヒマラヤ聖者が伝授する《最高の死に方＆ヨーガ秘法》』(ヒカルランド)、『クンダリニーヨーガ』『ハタ・ヨーガ 完全版』(ともにBABジャパン)、『インド瞑想の旅』(中央アート出版社)、『仕事力を10倍高める』シリーズ（PHP研究所）は韓国でも発刊、監修に『あるヨギの成功の黄金律』(フォレスト出版）など。

〔問い合わせ先〕
〒141-0022　東京都品川区東五反田2-4-5　藤ビル５階
成瀬ヨーガグループ
E-mail　akasha@naruse-yoga.com
URL　https://naruse-yoga.com/

＊本作品は2013年11月、ヒカルランドより刊行された『[実践版] ヒマラヤ聖者への道II　4　奇跡と創造の原理』の新装分冊版です。

新装分冊版［実践版］ヒマラヤ聖者への道4
奇跡と創造の原理

第一刷　2022年8月31日

著者　ベアード・スポールディング
訳者　成瀬雅春

発行人　石井健資
発行所　株式会社ヒカルランド
〒162-0821　東京都新宿区津久戸町3-11　TH1ビル6F
電話　03-6265-0852　ファックス　03-6265-0853
http://www.hikaruland.co.jp　info@hikaruland.co.jp
振替　00180-8-496587

本文・カバー・製本　中央精版印刷株式会社
DTP　株式会社キャップス
編集担当　小澤祥子

ISBN978-4-86742-140-6

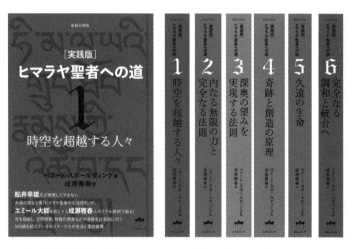